머신러닝

Machine Learning
Pocket Reference

Machine Learning Pocket Reference

by Matt Harrison

Copyright ⓒ 2021 J-Pub Co.
Authorized Korean translation of the English edition of *Machine Learning Pocket Reference*
ISBN 9781492047544 © 2019 Matt Harrison.
This translation is published and sold by permission of O'Reilly Media, Inc., which owns or controls all rights to publish and sell the same.

주머니 속의 머신러닝

1쇄 발행 2021년 4월 30일

지은이 맷 해리슨
옮긴이 박찬성
펴낸이 장성두
펴낸곳 주식회사 제이펍

출판신고 2009년 11월 10일 제406-2009-000087호
주소 경기도 파주시 회동길 159 3층 3-B호 / **전화** 070-8201-9010 / **팩스** 02-6280-0405
홈페이지 www.jpub.kr / **원고투고** submit@jpub.kr / **독자문의** help@jpub.kr / **교재문의** textbook@jpub.kr

편집부 김정준, 이민숙, 최병찬, 이주원 / **소통기획부** 송찬수, 강민철 / **소통지원부** 민지환, 김유미, 김수연
진행 김정준 / **교정·교열** 배규호 / **내지디자인** 이민숙 / **내지편집** 최병찬
용지 에스에이치페이퍼 / **인쇄** 한승문화사 / **제본** 장항피앤비

ISBN 979-11-91600-00-1 (93000)
값 15,000원

제이펍은 독자 여러분의 아이디어와 원고 투고를 기다리고 있습니다. 책으로 펴내고자 하는 아이디어나 원고가 있는
분께서는 책의 간단한 개요와 차례, 구성과 저(역)자 약력 등을 메일(submit@jpub.kr)로 보내 주세요.

주머니 속의

머신러닝

Machine Learning
Pocket Reference

맷 해리슨 지음 / 박찬성 옮김

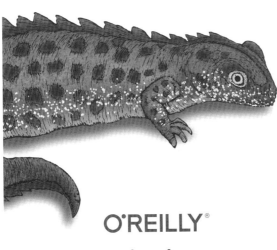

O'REILLY®

차 례

옮긴이 머리말

한때는 신기루처럼 여겨졌던 '인공지능'은 지난 수년 사이 실현 가능한 기술로서 자리매김해 오고 있습니다. 그리고 머신러닝은 이 인공지능을 실현할 수 있는 한 가지 방법론이며, 머신러닝과 관련하여 파생된 여러 알고리즘이 있습니다.

《주머니 속의 머신러닝》은 최근 주목받는 딥러닝 기술 대신 전통적으로 사용되어 온 머신러닝 기법을 다루는 책입니다. 딥러닝은 강력한 도구이지만, 주로 비구조적(비정형) 데이터에서 활용되는 것이 보통입니다. 하지만 간단한 엑셀부터 복잡한 데이터베이스에 이르기까지 축적된 구조적(정형) 데이터가 아직, 그리고 앞으로도 활용도가 더 높은 상황이며, 이러한 데이터는 전통적인 머신러닝 기법으로 다뤄지는 것이 보통입니다.

이 책은 바로 이 구조적 데이터와 전통적인 머신러닝 기법에 집중합니다. 모든 과정을 처음부터 끝까지 다루는 초급자용은 아니지만, 머신러닝 모델의 구성 요소, 데이터와 모델의 평가 및 분석을 다양한 도구로 접근해 다각적으로 바라보는 방법을 제시합니다.

모든 것을 따라 하기 위한 용도는 아니며, 이미 어느 정도 지식이 있는 독자가 도구의 종류, 사용 방법, 각종 파라미터 등을 빠르게 훑으며 기억을 상기할 수 있는 좋은 레퍼런스 자료로 활용되기 위해 만들어졌습니다. 설명의 용이성을 위해서 책에 프린트된 결과가 실제 코드 결과와 상이한 경우가 있는데, 이 점은 감안해 봐주시기 바랍니다.

마지막으로, 이 책이 나오기까지 많은 분의 노력과 도움이 있었습니다. 이 자리를 빌려 저를 지탱해 준 아내 최형아와 딸 박다경, 편집에 신경 써준 제이펍의 김정준 부장님, 여러 오류를 바로잡도록 도와준 베타리더 분들, 다방면으로 도움을 준 딥백수 커뮤니티 분들께 감사의 말을 전하고 싶습니다.

박찬성 드림

이 책에 대하여

현재 인기를 얻고 있는 머신러닝 및 데이터 과학은 빠르게 변하고 있는 분야다. 저자는 경력의 대부분을, 파이썬과 데이터를 사용한 작업에 종사해 왔으며, 이 경험을 살려 지금까지 현업에서, 구조적 데이터를 위한 머신러닝의 문제 해결을 다룬 워크숍에서 교육용으로 사용해 온 공통 방법을 수록한 참고서를 만들고자 했다.

이 책은 구조적 데이터용 예측 모델링 작업을 처리하기 위한 최고의 자료 및 예제 모음을 제공한다. 요구되는 작업을 위한 수많은 라이브러리 가운데, 기술 컨설팅 및 실제 현업에서 적용한 것들 중 유용하다고 판단되는 라이브러리를 통합적으로 제시하려고 노력했다.

일부 독자들은 딥러닝 기법을 거의 다루지 않았다는 사실에 실망할지도 모른다. 딥러닝은 그 자체로만 다른 하나의 책으로 묶을 만한 분야다. 또한 저자는 비교적 간단하고 가벼운 기술을 더 선호하는 편이며, 업계의 동료들도 대부분 이 의견에 동의할 것이다. 딥러닝은 비구조적 데이터(비디오, 오디오, 이미지)를 위한 것이며, XGBoost와 같은 강력한 도구는 구조적 데이터를 다루기 위한 것이다.

긴급한 문제 해결에 유용한 참고 자료로서 이 책이 활용되길 바란다.

기대되는 내용

이 책은 일반적인 구조적 데이터 문제를 해결하는 구체적이며 깊이 있는 예를 제공한다. 다양한 라이브러리, 모델, 이들의 장단점, 조정 및 해석 방법 등을 다룬다.

제공되는 코드는 여러분의 프로젝트에 적용될 수 있게끔 많은 내용을 포함하여 작성되었다.

대상 독자

머신러닝을 배우는 중이거나 수년 동안 써 왔다면, 이 책이 귀중한 참고 자료가 될 것이다. 파이썬에 대한 지식이 있다고 가정하며, 관련 문법을 일일이 설명하지는 않는다. 오히려 다양한 라이브러리로 실제 문제를 해결하는 방법에 집중한다.

심층적인 수업 과정을 대체하기보다 응용 머신러닝 수업 과정이 다루는 내용의 참고 자료로 사용되어야 한다(저자는 자신이 가르치는 머신러닝 및 데이터 분석 수업에서 이 책을 참고 자료로 사용 중이다).

이 책에 사용된 규칙

이 책에서는 다음과 같은 표기 규칙이 사용된다.

고딕체
새로운 주요 용어를 표시한다.

고정폭 서체

변수, 함수명, 데이터베이스, 데이터 유형, 환경 변수, 구문, 키워드와 같은 프로그램의 요소를 표시한다. 단락 내, 프로그램 코드 블록에서 사용된다.

유용한 정보나 제안사항을 나타낸다.

일반적으로 알아두면 좋은 내용을 나타낸다.

주의 및 경고를 나타낸다.

예제 코드의 사용

보충 자료(예제 코드, 연습 문제 등)는 https://github.com/mattharrison/ml_pocket_reference에서 찾아볼 수 있다(옮긴이: https://deep-diver.github.io/pocket-ml-reference-korean/에 원본 코드를 다듬어서 컬러 그림과 같이 올려두었으니 참고하기 바란다).

이 책은 여러분의 업무 수행을 돕기 위한 것으로, 책에 수록된 예제 코드는 여러분의 프로그램 및 문서에 활용되어도 좋다. 심각한 수준으로 코드를 복제하지 않는 한 별도의 허가는 필요 없다. 예를 들어 이 책의 여러 코드를 사용해 프로그램을 작성하더라도 별도의 허가는 필요 없다. 하지만 책의 예제 CD-ROM을 제작해 판매하거나 배포하려면 허가가 필요하다. 이 책의 내용과 예제 코드를 인용해 누군가의 질문에 답하는 데는 별도의 허가가 필요하지 않다. 다만 상당량의 예제 코드를 여러분이 만드는 제품의 설명서에 수록한다면 허가가 필요하다.

인용 시에 출처를 명시하면 감사한 일이지만, 반드시 그럴 필요는 없다. 출처를 명시하는 경우 일반적으로 제목, 저자, 발행자, ISBN이 포함되어야 한다.

예제 코드의 사용이 공정하지 못하거나 앞서 언급한 권한의 범위를 벗어난다고 판단되면 언제든지 permissions@oreilly.com으로 문의하기 바란다.

감사의 말

아내와 가족의 지원에 감사의 말을 전한다. 멋진 언어와 도구를 제공한 파이썬 커뮤니티에도 감사드린다. 훌륭한 피드백을 제공한 니콜 태치Nicole Tache와 함께 작업한 것은 멋진 일이었으며, 기술 검토자인 미키오 브라운Mikio Braun, 나탈리노 부사Natalino Busa, 저스틴 프란시스Justin Francis는 책의 내용에 대해 솔직한 의견을 제시해 줘서 감사드린다.

표지에 대하여

표지 동물은 북부 크레스티 뉴트(*Triturus cristatus*)인데, 영국 본토의 동쪽, 유럽 본토에서 러시아 서부까지의 지역 중 고인 물 근처에서 발견되는 양서류다.

크레스티 뉴트는 등에 어두운 반점이 있고, 노란 오렌지색을 띤 배에는 흰색 반점이 있다. 짝짓기 시즌 동안 수컷은 크고 들쭉날쭉한 볏이 생기고, 암컷은 항상 꼬리에 주황색 줄무늬를 가진다.

동면하지 않는 기간의 크레스티 뉴트는 진흙이나 바위 아래에서 서식하며, 물속에서는 다른 뉴트, 올챙이, 어린 개구리, 벌레, 곤충의 유충, 물

달팽이를 사냥하고, 육지에서는 곤충, 벌레, 기타 무척추동물을 사냥한다. 약 27년의 수명을 가지며, 18cm 정도까지 자라곤 한다.

현재 북부 크레스티 뉴트의 보존 상태는 낮은 멸종위험도로 지정되어 있다. 오라일리 책 표지에 등장하는 많은 동물은 멸종 위기종이며, 이들 모두 세상에 중요한 개체다.

표지 그림은 《메이어스 클라인 렉시콘Meyers Kleines Lexicon》의 흑백 판화를 토대로 카렌 몽고메리Karen Montgomery가 그린 것이다.

베타리더 후기

강찬석(LG전자)

굉장히 함축된 내용으로 데이터 분석에 필요한 기법과 시각화 방법을 빠르게 소개하고 있습니다. 어느 정도 코드가 눈에 익은 데이터 엔지니어/과학자에게는 좋은 가이드북이 되는 한편, 내용이 매우 함축적으로 들어 있어서 실무에 도움이 많이 될 것 같습니다. 또한 책 분량만큼이나 쉽게 접할 수 있는 책이 될 듯싶습니다.

박조은(오늘코드)

머신러닝을 배우면 알아야 할 수학 공식이나 통계 지식이 너무 많아 압도될 때가 있습니다. 자주 사용하는 기능이나 여러 알고리즘의 성능을 비교해 본다든지 하는 과정들이 반복되다 보면, 복잡하고 어려운 과정을 추상화해서 쉽게 사용할 수 없을까 고민하게 됩니다. 이 책은 이런 고민을 해결해 줍니다. 알고리즘의 복잡한 내부를 바닥까지 이해하지는 못하더라도, 머신러닝 알고리즘을 가져와 내 실무 데이터에 바로 적용해 보고 싶을 때 사용할 수 있는 도구들을 소개하고 활용하는 방법을 알려줍니다. 초급자는 복잡한 내용을 추상화해서 쉽게 다가갈 수 있고,

머신러닝이 어렵고 복잡하게 느껴졌던 분들에게도 다시 정리할 수 있는 기회를 제공합니다.

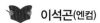 이석곤(엔컴)

머신러닝을 처음 시작할 때 워크플로를 어떻게 해야 하는지, 또 다양한 알고리즘에서 내가 필요한 알고리즘이 무엇인지 잘 몰라 하나씩 적용하면서 많은 시행착오를 겪게 됩니다. 이 책은 이런 문제를 조금 더 빨리 해결할 수 있도록 도와줍니다. 머신러닝을 처리할 때 어떻게 시작해서 모델을 배포하는지 전 과정을 하나하나 잘 설명합니다. 머신러닝의 방법론이 정립되어 있지 않다면 이 책으로 학습할 것을 추천합니다.

이용진(삼성SDS)

colab, mybinder, github으로 코드가 제공되어서 책을 보면서 쉽게 따라 할 수 있어서 좋았습니다. 내용이 초급자보다는 머신러닝으로 실제 업무를 수행해 봤거나, 어떤 알고리즘이나 함수들이 있는지를 미리 알고 있는 사람들에게 적합한 책입니다. 이론과 실제 코드에 대해서도 잘 설명해 주고 있기 때문에 궁금한 게 생겼을 때 찾아보는 용도로는 아주 좋은 것 같습니다. 《수학의 정석》처럼 옆에 두고 보면 좋은 책입니다.

정욱재(당근마켓)

머신러닝을 배울 때 참고하며 읽기 좋은 책입니다. 시각화에 관한 내용이 많이 들어 있어 시각화할 때 많이 참고할 것 같고, 다양한 방법론을 간단하게 훑어줘 입문하시려는 분들에게 추천해 드리고 싶습니다. 다만 딥러닝보다는 사이킷런, XGBoost 등을 활용한 머신러닝 기법을 많이 담고 있습니다.

정현준

흔히 말하는 Cookbook에 가까울 정도로 자세한 설명과 사용법이 좋았습니다. 캐글로 널리 알려진 타이타닉 예제를 가지고 전체적으로 설명을 해서 일관성 있게 배우기 좋습니다.

소개

이 책은 머신러닝에 대한 교육 자료라기보다는 각종 메모, 테이블, 예제를 수록한 것이다. 필자가 학습하는 동안 남긴 추가적인 자료로 작성된 것이며, 독자는 인쇄된 노트북 형태로 사용하면 좋다. 종이 질감을 좋아하는 독자라면 인쇄된 노트북에 본인만의 메모, 다양한 참고문헌 등을 추가하여 풍부하게 가꿔 볼 수 있을 것이다.

우리는 구조적 데이터로 분류 문제를 다루는 것 외에도, 연속적인 값 regression(회귀)의 예측, 클러스터 생성, 차원 축소의 시도 등도 다룰 것이다. 딥러닝 기법은 이 책에서 다루지 않는다. 딥러닝 기법은 비구조적 데이터에서 잘 작동하는 반면, 이 책에서 다뤄지는 기법들은 구조적 데이터에서 많이 사용된다.

선행 지식으로는 파이썬을 어느 정도 알고 있어야 한다. 그리고 pandas 라이브러리[1]를 사용한 데이터 조작 방법을 익혀두는 것이 좋다. 구조적 데이터를 다루는 데 훌륭한 도구인 pandas를 활용한 다양한 예가 포함

---

1   https://pandas.pydata.org/

되어 있기 때문이다. 다만 numpy에 친숙하지 않다면 인덱싱 연산에 약간 혼란스러움을 느낄지도 모른다. pandas 전체 범위는 한 권의 책으로서 온전히 다뤄져야 할 정도로 양이 방대하다.

1.1 사용된 라이브러리

이 책에서는 다양한 라이브러리를 사용한다. 이는 장점인 동시에 단점일 수 있다. 이들 중 일부는 설치가 까다롭거나 다른 라이브러리 버전과 충돌 문제가 발생할 수 있다. 모든 라이브러리를 설치해야 하는 것은 아니며, 필요한 라이브러리를 상황에 맞게 '그때그때 설치'하면 된다.

```
>>> import autosklearn, catboost,
category_encoders, dtreeviz, eli5, fancyimpute,
fastai, featuretools, glmnet_py, graphviz,
hdbscan, imblearn, janitor, lime, matplotlib,
missingno, mlxtend, numpy, pandas, pdpbox, phate,
pydotplus, rfpimp, scikitplot, scipy, seaborn,
shap, sklearn, statsmodels, tpot, treeinterpreter,
umap, xgbfir, xgboost, yellowbrick

>>> for lib in [
...     autosklearn,
...     catboost,
...     category_encoders,
...     dtreeviz,
...     eli5,
...     fancyimpute,
...     fastai,
...     featuretools,
...     glmnet_py,
...     graphviz,
...     hdbscan,
...     imblearn,
...     lime,
...     janitor,
...     matplotlib,
```

```
...        missingno,
...        mlxtend,
...        numpy,
...        pandas,
...        pandas_profiling,
...        pdpbox,
...        phate,
...        pydotplus,
...        rfpimp,
...        scikitplot,
...        scipy,
...        seaborn,
...        shap,
...        sklearn,
...        statsmodels,
...        tpot,
...        treeinterpreter,
...        umap,
...        xgbfir,
...        xgboost,
...        yellowbrick,
... ]:
...        try:
...            print(lib.__name__, lib.__version__)
...        except:
...            print("Missing", lib.__name__)

catboost 0.11.1
category_encoders 2.0.0
Missing dtreeviz
eli5 0.8.2
fancyimpute 0.4.2
fastai 1.0.28
featuretools 0.4.0
Missing glmnet_py
graphviz 0.10.1
hdbscan 0.8.22
imblearn 0.4.3
janitor 0.16.6
Missing lime
matplotlib 2.2.3
missingno 0.4.1
```

```
mlxtend 0.14.0
numpy 1.15.2
pandas 0.23.4
Missing pandas_profiling
pdpbox 0.2.0
phate 0.4.2
Missing pydotplus
rfpimp
scikitplot 0.3.7
scipy 1.1.0
seaborn 0.9.0
shap 0.25.2
sklearn 0.21.1
statsmodels 0.9.0
tpot 0.9.5
treeinterpreter 0.1.0
umap 0.3.8
xgboost 0.81
yellowbrick 0.9
```

> 대부분의 라이브러리는 pip 또는 conda로 쉽게 설치할 수 있다. 다만 fastai는 pip install --no-deps fastai, umap은 pip install umap-learn, janitor는 pip install pyjanitor, autosklearn은 pip install auto-sklearn 명령어로 설치해야만 한다.
>
> 분석 작업에는 보통 주피터(Jupyter)가 사용되는 편이며, 기호에 맞춰 다른 노트북 도구를 사용해도 좋다. 구글 코랩(Google Colab)과 같은 노트북 서비스는 다양한 라이브러리를 사전에 설치하여 제공한다(그중 일부는 최신 버전이 아닐 수도 있다).

파이썬에서는 주로 두 가지 방식으로 라이브러리를 설치한다. 그중 하나는 파이썬과 함께 설치되는 pip(Pip Installs Python에 대한 두음 문자) 도구를 사용하는 것이며, 또 다른 하나는 아나콘다Anaconda[2]를 사용하는 것이다. 여기서는 두 방법 모두를 소개한다.

---

2   https://anaconda.org/

1.2 Pip을 이용한 설치

pip을 사용하기 전에 먼저 라이브러리가 설치될 샌드박스sandbox 환경을 생성할 것이다. 이런 환경을 가상 환경이라고 하며, 다음과 같이 env라는 이름의 가상 환경을 만들 수 있다.

```
$ python -m venv env³
```

> 매킨토시 및 리눅스에서는 python을, 윈도우에서는 python3 명령어를 사용한다.⁴ 윈도우의 명령 프롬프트에서 해당 명령어를 인식하지 못한다면 파이썬을 재설치하는 등 해당 문제를 해결해야만 한다. 설치 시 'Add Python to my PATH'라는 문구의 체크박스를 꼭 체크하기 바란다.

가상 환경이 생성되면 해당 환경을 활성화한다. 그렇게 하면 라이브러리가 전역 파이썬 환경이 아니라 해당 샌드박스 환경에만 설치되게끔 할 수 있다. 라이브러리 버전이 갱신되더라도 프로젝트별로 코드가 작동하는 버전을 고정하는 것이 가장 좋다. 리눅스와 매킨토시에서는 다음과 같이 가상 환경을 활성화할 수 있다.

```
$ source env/bin/activate
```

해당 가상 환경을 사용 중이라는 뜻으로 프롬프트가 갱신된 것을 알 수 있다.

```
(env) $ which python
env/bin/python
```

---

3   옮긴이 -m venv 옵션 사용 시 venv라는 이름의 모듈을 시스템 경로에서 찾고 실행한다.
4   옮긴이 특정 명령어가 운영체제 종속적인 것은 아니다. 다만 설치 시 디폴트로 활성화되는 명령어라는 점을 참고하기 바란다.

윈도우에서는 다음 명령어로 가상 환경을 활성화할 수 있다.

```
C:> env\Scripts\activate.bat
```

마찬가지로, 프롬프트 메시지가 해당 가상 환경이 사용 중임을 표시하는 형태로 갱신된 것을 알 수 있다.

```
(env) C:> where python
Env\Scripts\python.exe
```

모든 운영체제에서는 같은 pip 명령어로 패키지를 설치할 수 있다. 예를 들어 다음의 명령어로 pandas를 설치할 수 있다.

```
(env) $ pip install pandas
```

간혹 패키지와 라이브러리의 이름이 다른 경우가 있다. 그럴 때는 다음과 같이 패키지를 검색할 수 있다.

```
(env) $ pip search 라이브러리_이름
```

필요한 패키지를 설치했다면 pip으로 현재의 가상 환경 내 설치된 모든 패키지의 버전이 기록된 파일을 생성할 수 있다.

```
(env) $ pip freeze > requirements.txt
```

requirements.txt 파일을 활용하면 새로운 가상 환경에 기록된 버전의 패키지를 쉽게 설치할 수 있다.

```
(other_env) $ pip install -r requirements.txt
```

1.3 Conda를 이용한 설치

콘다conda는 아나콘다와 함께 설치되는 도구로, 환경 생성 및 패키지 설치를 돕는 도구다.

env라는 이름의 환경을 생성하려면 다음과 같이 명령어를 입력한다.

```
$ conda create -name env python=3.6
```

해당 환경을 활성화하려면 다음과 같이 명령어를 입력한다.

```
$ conda activate env
```

이 명령어는 유닉스 및 윈도우 시스템 모두에 대한 프롬프트 메시지를 갱신한다. 그러면 다음의 명령어로 패키지를 검색할 수 있다.

```
(env) $ conda search 라이브러리_이름
```

pandas 패키지를 설치하려면 다음과 같이 명령어를 입력한다.

```
(env) $ conda install pandas
```

패키지와 버전에 대한 요구 사항이 포함된 파일을 생성하는 방법은 다음과 같다.

```
(env) $ conda env export > environment.yml
```

해당 요구 사항 파일을 새로운 환경에 설치하려면 다음과 같이 명령어를 입력한다.

```
(other_env) $ conda create -f environment.yml
```

주의사항

이 책에서 언급된 일부 라이브러리는 아나콘다로 설치할 수 없지만, 그렇다고 걱정할 필요는 없다. 콘다 환경 내에서 pip을 사용할 수 있고, pip을 사용하여 그러한 라이브러리를 설치하면 되기 때문이다. (새 가상 환경을 만들지 않아도 된다.)

머신러닝 과정에 대한 개요

데이터 마이닝용 교차–산업 표준 과정Cross-Industry Standard Process for Data Mining, CRISP-DM은 데이터 마이닝 수행을 위한 처리 공정이다. 다음과 같은 단계를 거쳐서 지속적인 개선을 꾀할 수 있다.

- 비즈니스의 이해
- 데이터의 이해
- 데이터의 준비
- 모델링
- 검증
- 배포

그림 2-1은 예측 모델을 만들 때 필자가 따르는 작업 흐름으로, CRISP-DM 방법론을 확장한 것이다. 각 과정에 대한 자세한 설명은 다음 장에서 다룰 것이다.

머신러닝의 과정

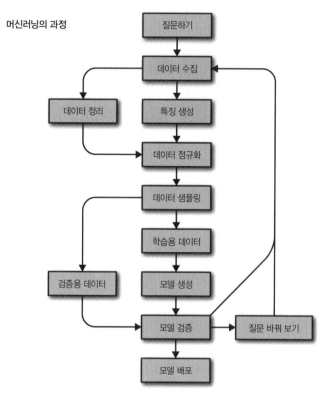

그림 2-1 머신러닝의 일반적인 작업 흐름도

03

분류 문제 둘러보기: 타이타닉 데이터셋

이번 장은 타이타닉 데이터셋Titanic dataset[1]을 사용한 일반적인 분류 문제를 살펴본다. 이 장의 후반부에서는 분석의 일반적인 단계를 보다 깊이 있게 살펴볼 것이다.

3.1 프로젝트 구조의 제안

탐색적 데이터 분석Exploratory Data Analysis, EDA의 수행에 도움이 되는 훌륭한 도구 중에는 주피터[2]가 있다. 주피터는 오픈 소스 노트북 환경으로, 파이썬을 포함한 다양한 언어를 지원한다. 코드 또는 마크다운Markdown 내용의 셀cell을 생성할 수 있다.

필자는 주피터를 두 가지 모드로 사용한다. 하나는 탐색적 데이터 분석을 빠르게 시도하기 위한 것이고, 다른 하나는 중요한 발견을 표현하기 위한 코드와 마크다운을 사용하여 좀 더 보고서 형식으로 작성하기 위

---

1 https://biostat.app.vumc.org/wiki/pub/Main/DataSets/titanic3.xls
2 https://jupyter.org/

한 것이다. 다만 주피터 노트북은 체계적인 코드의 작성, 관리가 어렵기 때문에 주의를 기울여 사용하는 편이다(그렇지 않으면 전역 변수 제거, 함수 및 클래스 도입 등 많은 리팩터링 작업이 필요하다).

쿠키커터cookiecutter[3]라는 데이터 과학 패키지는 분석에 대한 코드의 쉬운 복제 및 공유가 가능한 구조를 제안한다.

3.2 필요한 패키지

여기서 다룰 예제는 대부분 pandas[4], scikit-learn[5], Yellowbrick[6] 패키지를 이용한다. pandas는 데이터를 문제 해결에 알맞은 형태로 가공 처리하는 데이터 먼징data munging에 유용한 라이브러리다. scikit-learn 라이브러리는 뛰어난 예측 모델링을 제공하고, Yellowbrick은 모델 검증을 위한 시각화 라이브러리다.

```
>>> import matplotlib.pyplot as plt
>>> import pandas as pd
>>> from sklearn import (
...     ensemble,
...     preprocessing,
...     tree,
... )
>>> from sklearn.metrics import (
...     auc,
...     confusion_matrix,
...     roc_auc_score,
...     roc_curve,
... )
>>> from sklearn.model_selection import (
```

---

3   https://oreil.ly/86jL3
4   https://pandas.pydata.org/
5   https://scikit-learn.org/
6   http://www.scikit-yb.org/

```
...       train_test_split,
...       StratifiedKFold,
... )
>>> from yellowbrick.classifier import (
...       ConfusionMatrix,
...       ROCAUC,
... )
>>> from yellowbrick.model_selection import (
...       LearningCurve,
... )
```

주의사항

온라인에서 다음과 같이 별표(*)를 사용하여 패키지를 불러들이는 예제와 문서를 발견할 수도 있다.

```
from pandas import *
```

별표를 사용하여 불러들이는 방법은 피하는 것이 좋다. 불러들일 라이브러리를 명시적으로 지정하면 더 쉽게 코드를 이해할 수 있다.

3.3 질문을 하자

이번에 다룰 예제에서는 질문에 대답을 하는 예측 모델을 만들고자 한다. 타이타닉호 참사에서의 생존 여부는 탑승객 및 여행의 특징으로 분류할 것이다. 간단한 프로젝트이지만, 여러 모델링 단계를 보여 주는 교육적인 도구로서의 역할을 할 것이다. 우리가 만들 모델은 탑승객의 정보를 입력받아 해당 탑승객이 타이타닉에서 생존했을지를 예측할 수 있어야 한다.

생존했는지 사망했는지, 생존이라는 레이블을 예측하기 때문에 이는 분류 문제다.

3.4 데이터에 관한 용어

모델은 행렬 형태의 데이터로 학습되는 것이 일반적이다. (필자는 pandas의 DataFrame 사용을 선호한다. 열에 이름도 붙일 수 있고, numpy 배열과도 잘 동작하기 때문이다.)

회귀 또는 분류와 같은 지도 학습의 경우, 특징들을 레이블로 변형하는 함수를 만드는 것이 목적이다. 이 함수를 대수식으로 표현하면 다음과 같다.

$$y = f(X)$$

X는 **행렬**matrix이다. X의 각 행은 하나의 개별 데이터 **샘플**sample을, 각 열은 **특징**feature을 표현한다. 함수의 출력 y는 벡터로, 레이블(분류) 또는 값(회귀)을 가진다(그림 3-1).

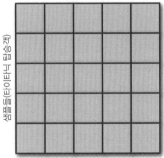

구조적인 데이터의 생김새 (X)
특징들(나이, 등급 등)

샘플들(타이타닉 탑승객)

pandas의 DataFrame 또는
numpy 배열이 될 수 있다

그림 3-1 구조적인 데이터의 모양

이는 데이터와 출력을 이름 짓는 표준적인 절차다. 학술 논문이나 라이브러리의 공식 문서를 읽다 보면 동일한 관례를 따른다는 사실을 알 수 있다. 한편, 샘플 데이터를 저장하는 변수의 이름을 X라고 지었는데,

대문자 변수 이름은 파이썬의 관련 표준 조약을 위반하는 것이다(PEP 8). 하지만 모두가 이렇게 이름을 지으니 걱정하지 말자. 변수 이름을 소문자 x로 지으면 오히려 사람들이 여러분을 이상하다고 여길지도 모른다. 그리고 변수 y는 레이블 또는 타깃target을 저장한다.

표 3-1은 2개의 샘플과 샘플당 3개의 특징을 가진 간단한 데이터셋을 보여 준다.

표 3-1 샘플(행) 및 특징(열)

pclass	age	sibsp
1	29	0
1	2	1

3.5 데이터의 수집

타이타닉 데이터가 저장된 엑셀 파일을 불러온다(pandas 및 xlrd[7] 패키지 필요). 이 파일에는 여러 열이 포함되어 있는데, 그중 생존 열은 각 승객의 생존 여부에 대한 레이블 정보를 가진다.

```
>>> url = (
...     "https://biostat.app.vumc.org/"
...     "wiki/pub/Main/DataSets/titanic3.xls"
... )
>>> df = pd.read_excel(url)
>>> orig_df = df
```

데이터셋에 포함된 열의 종류는 다음과 같다.

---

7   이 라이브러리를 직접적으로 호출하는 것은 아니다. 하지만 엑셀 파일을 불러올 때 pandas는 xlrd 라이브러리를 내부적으로 사용한다.

- pclass — 승객의 등급(1 = 1등급, 2 = 2등급, 3 = 3등급)

- survival — 생존 여부(0 = 사망, 1 = 생존)

- name — 승객의 이름

- sex — 승객의 성별

- age — 승객의 나이

- sibsp — 동반 형제자매/배우자의 수

- parch — 동반 부모/자식의 수

- ticket — 표 번호

- fare — 승선 비용

- cabin — 객실 번호

- embarked — 승선 지점(C = 셰르부르Cherbourg, Q = 퀸스타운Queens town, S = 사우샘프턴Southampton)

- boat — 구명보트

- body — 신체 식별 번호

- home.dest — 집/목적지

pandas는 스프레드시트를 읽고 그 내용을 DataFrame으로 변환할 수 있다. 임의의 데이터를 추출 및 조사하여, 계속해서 분석을 진행해도 좋은지 확인할 수 있다.

3.6 데이터의 정리

일단 데이터를 취득했다면, 그 데이터의 형식이 모델링에서 사용될 수 있는지를 보장해야 한다. 사이킷런이 제공하는 대부분의 모델은 수치형(정수나 부동소수) 특징을 요구한다. 또한 누락된 값(pandas 및 numpy의 NaN)이 주어졌을 때 실행되지 못하는 모델이 여럿 존재한다. 일부 모델은 데이터가 **표준화**standardized(평균 0, 표준 편차 1)되어 있을 때 더 잘 동작하는 경향을 보인다. pandas 또는 사이킷런으로 이런 문제를 다루는 방법을 살펴볼 것이다. 한편, 타이타닉 데이터셋은 **누수된 특징**leaky features이라는 문제를 가지고 있다.

누수된 특징은 미래나 타깃에 대한 직접적인 정보를 가진 변수다. 하지만 타깃이 데이터에 포함되는것은 꽤 흔한 일이며, 나쁘다고 보기는 어렵다. 다만 새로운 샘플을 예측할 때 이런 특징들이 가용하지 않다면 모델에도 그 정보를 포함시켜서는 안 된다.[8]

데이터의 정리는 시간이 꽤 걸리는 작업이다. 관련 분야 전문가Subject Matter Expert, SME의 안내를 받으면 이상치나 누락된 값을 다루는 데 있어서 어느 정도 도움이 된다.

```
>>> df.dtypes
pclass          int64
survived        int64
name           object
sex            object
age           float64
sibsp           int64
parch           int64
ticket         object
fare          float64
cabin          object
embarked       object
boat           object
body          float64
home.dest      object
dtype: object
```

---

8   [옮긴이] 누수에는 '새어 나옴'이라는 뜻이 있다. 여기서 쓰인 누수란, 미래의 데이터가 과거로 새어 나왔음을 의미한다. 즉, 유출이란 의미로 해석할 수도 있다.

앞 쪽의 코드는 DataFrame의 각 열의 데이터 유형을 출력한 것으로, int64, float64, datetime64[ns], object와 같은 데이터 유형을 볼 수 있는 것이 일반적이다. datetime64[ns]는 날짜와 시간 데이터 모두를 포함하고, object는 보통 문자열 데이터(물론, 문자열과 그 외의 유형의 조합도 가능)를 가진다는 의미로 해석될 수 있다.

CSV 파일 로딩 시 pandas는 데이터의 적절한 유형을 유추해 읽아매는 시도를 한다. 만약 이 시도가 실패한 대상 데이터의 유형은 object로 결정된다. 스프레드시트, 데이터베이스 등 다른 시스템에서는 DataFrame이 제공하는 데이터 유형보다 더 나은 것을 제공할 수도 있다. 따라서 데이터를 직접 훑어보고, 결정된 데이터 유형이 타당한지를 확인해 보는 것이 좋다.

정수형 데이터는 보통 괜찮지만, 부동소수형 데이터에는 일부 누락된 값이 존재할 수 있다. 날짜, 문자열 데이터는 숫자로 변환되어야 하거나 숫자 데이터의 특징 엔지니어링에 활용된다. 낮은 카디널리티[9]의 문자열 데이터는 범주형 열이라고 하며, 이로부터 더미 열을 생성하는 게 유용한 경우도 있다(pd.get_dummies 함수가 이를 담당한다).

> 0.23까지의 pandas 버전에서는 int64 데이터형이 누락된 값을 갖는 것이 허용되지 않는다. float64라면, 모든 값이 부동소수이거나 일부 누락된 값은 정수와 같은 숫자가 될 수도 있다. pandas 라이브러리는 정수형 데이터에서 누락된 값을 부동소수로 변환한다. 부동소수가 누락된 값을 지원하는 유형이기 때문이다. 객체형은 보통 문자열형을 의미한다(문자열 또는 수치형).
>
> 버전 0.24의 pandas에는 Int64라는 새로운 데이터형이 추가되었다(대문자에 주의). 디폴트로 쓰이는 정수형은 아니지만, 이 데이터형이 디폴트로 쓰이도록 하고, 누락된 값을 지원하도록 강제할 수 있다.

---

9   [옮긴이] 범주를 나누는 종류의 개수다. 예를 들어, 성별을 표시하는 열의 범주는 '남성', '여성' 종류의 값을 가질 수 있다. 이때 카디널리티가 2라고 볼 수 있다

pandas-profiling 라이브러리는 프로파일 보고서를 생성하는 기능을 갖추고 있으며, 이 보고서는 주피터 노트북에서도 즉시 생성될 수 있다. 데이터의 각 열별 자료형을 요약하고, 계량 통계량, 기술 통계량, 히스토그램, 일반적인 값, 극단적인 값의 상세한 내용을 한눈에 확인할 수 있다(그림 3-2, 그림 3-3).

```
>>> import pandas_profiling
>>> pandas_profiling.ProfileReport(df)
```

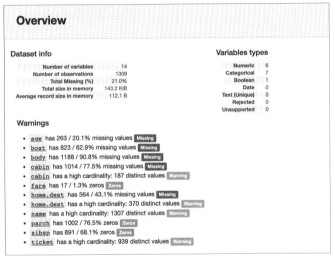

그림 3-2 pandas-profiling 요약 화면

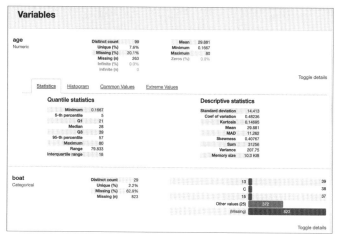

그림 3-3 pandas-profiling을 통해서 본 변수의 상세 내용

DataFrame의 .shape 속성은 행과 열의 개수를 확인하는 데 쓰인다.

```
>>> df.shape
(1309, 14)
```

.describe 메서드로는 데이터의 통계적 요약뿐만 아니라, 누락된 데이터의 개수를 확인하는 것도 가능하다. 이 메서드의 기본 동작은 수치형 열에 대한 정보만을 알리는 것이다(다음 코드의 출력은 두 개 열만을 보여주기 위해 일부 잘라냈다).

```
>>> df.describe().iloc[:, :2]
          pclass      survived
count  1309.000000  1309.000000
mean      2.294882     0.381971
std       0.837836     0.486055
min       1.000000     0.000000
25%       2.000000     0.000000
50%       3.000000     0.000000
```

```
75%        3.000000    1.000000
Max.       3.000000    1.000000
```

count 통계량은 오직 NaN이 아닌 값만을 대상으로 한다. 따라서 특정
열이 누락된 데이터를 포함하는지 점검하는 데 유용하다. 또한 최대 및
최소값을 확인하여 이상치의 유무를 확인하는 것도 좋은 생각이다. 요
약 통계 외에도 히스토그램이나 박스 플롯은 이와 같은 내용을 시각적
으로 확인하는 데 유용하다.

누락된 값의 처리가 필요하다. .isnull 메서드를 사용하면 누락된 값
이 있는 행 또는 열을 검색할 수 있다. DataFrame에서 .isnull을 호출
하면 True나 False 값으로 채워진 새로운 DataFrame을 반환한다. 파
이썬에서 이러한 값들은 각각 1과 0으로서 평가된다. 따라서 이 값들을
모두 더해서 개수를 세거나 평균을 구하여 누락된 비율을 계산하는 것
또한 가능하다.

다음 코드는 각 열이 가진 누락된 데이터의 개수를 보여 준다.

```
>>> df.isnull().sum()
pclass          0
survived        0
name            0
sex             0
age           263
sibsp           0
parch           0
ticket          0
fare            1
cabin        1014
embarked        2
boat          823
body         1188
home.dest     564
dtype: int64
```

.sum을 .mean으로 교체하여 null 값의 비율을 계산할 수 있다. 기본적으로 이 메서드를 호출하면 축 0(행)에 대하여 연산이 수행된다. 각 샘플에 대한 누락된 특징의 개수를 얻고 싶다면, 축 1(열)에 대하여 이 메서드를 적용하면 된다.

```
>>> df.isnull().sum(axis=1).loc[:10]
0    1
1    1
2    2
3    1
4    2
5    1
6    1
7    2
8    1
9    2
dtype: int64
```

관련 분야 전문가SME가 누락된 데이터를 어떻게 다룰지 결정하는 데 도움을 줄 수 있다. age는 유용할 수도 있으므로 이 열을 유지하고, 누락된 값들을 보간 처리하면 모델에게 유용한 신호를 제공할지도 모른다. 반면, 대부분의 값이 누락된 열(cabin, boat, body)은 별다른 가치가 없는 경향이 있기 때문에 제거해도 좋다.

body 열(신체 식별 번호)의 값이 누락된 행이 많이 존재한다. 그런데 누락 여부와 관계없이 이 열은 데이터 누수를 초래하므로 어쨌든 이 열은 제거되어야만 한다. 승객의 죽음을 간접적으로 보여 주는 body 열이 사용되면 곤란하기 때문이다. 이 열의 정보로 모델은 미리 답을 알게 되어 매우 정확한 예측 모델이 될 수 있지만, 실제 승객의 생존 여부는 모델이 사용되는 시점에서는 알 수 없는 정보다. 따라서 이 정보 자체가 없는 데이터가 예측에 사용되며, 이는 모델이 매우 부정확한 결과를 예측하는 결과를 초래한다. 따라서 이 열을 제거할 것이다. (승객의 사망을 예측하는 모델을 만들고자 할 때 사전에 신체 식별 번호를 알고 있는 것은 이미 승객이 사망했다는 사실을 알게 해준다. 모델이 이러한 정보를 미리 알아서는 안 되며, 이러한 정보를 포함하지 않은 열에 기반하여 예측을 수행해야 한다.) 마찬가지로 boat 열은 그 반대의 정보의 누수를 발생시킨다(승객의 생존).

누락된 데이터를 가진 일부 행을 살펴보자. 불리언Boolean 배열(특정 행이 누락된 데이터를 가졌는지를 True와 False로 나타내는 계열)을 생성하여 누락된 데이터를 가진 행을 살펴보는 데 사용할 수 있다.

```
>>> mask = df.isnull().any(axis=1)

>>> mask.head()  # 행
0    True
1    True
2    True
3    True
4    True
dtype: bool

>>> df[mask].body.head()
0      NaN
1      NaN
2      NaN
3    135.0
4      NaN
Name: body, dtype: float64
```

age 열의 누락된 값은 잠시 후에 대치(또는 값을 파생)할 것이다.

object 유형의 열들은 범주형인 경향이 있다(하지만 고차 카디널리티 문자열 데이터 또는 여러 데이터형이 혼합된 경우도 있다). 범주형이라고 생각되는 object 유형의 열에 대해서는 .value_counts 메서드를 사용하면 각 범주별 데이터의 개수를 파악할 수 있다.

```
>>> df.sex.value_counts(dropna=False)
male      843
female    466
Name: sex, dtype: int64
```

pandas가 보통 null 또는 NaN 값을 무시한다는 사실을 기억해 두자. 이 값들을 포함하고 싶다면 dropna=False 옵션을 사용하면 되고, 그러면 NaN 값의 개수 또한 파악할 수 있다.

```
>>> df.embarked.value_counts(dropna=False)
S      914
C      270
Q      123
NaN      2
Name: embarked, dtype: int64
```

embarked 열의 누락된 값을 다루기 위한 두 가지 옵션이 있다. S가 가장 많이 나타난 값이므로 누락된 값 대신 S를 채워 넣는 것이 논리적으로 괜찮은 방법일 수 있다. 또는 좀 더 데이터를 살펴보고 S보다 Q가 더 좋은지를 판단해 보거나, 한편 좀 더 데이터를 분석해 더 나은 옵션이 있는지 확인해 볼 수도 있다. 가령 두 값을 모두 제거하는 방법이 있다. 또는 이 열들은 범주형이므로 누락된 두 값을 표시하는 더미 칼럼을 pandas로 만들어 볼 수도 있을 것이다. 여기서는 마지막 방법을 사용한다.

3.7 특징의 생성

변화 또는 아무런 신호signal도 없는 열은 제거할 수 있다. 현재 다루는 데이터셋에는 그러한 특성을 지닌 특징은 없다. 하지만 만약 모든 샘플이 1 값을 가지는 'is human(사람인가?)'과 같은 열이 있다면 이 열은 유용한 정보를 전혀 제공하지 않을 것이다.

또한 모든 샘플이 서로 다른 텍스트를 가진 열이 있을 때, NLP 등의 기법으로 유의미한 데이터를 추출하지 않는다면 해당 열은 모델에 어떠한 도움도 되지 않는다. name 열이 이 상황에 대한 한 가지 예다. name 열을 다룬 한 가지 사례로는 이름에서 호칭title에 해당하는 부분을 추출하여, 호칭에 대한 범주형 열을 별도로 만든 경우가 있다.

또한 누수를 초래하는 열도 제거되어야만 한다. boat 및 body 열은 승객의 생존 여부에 대한 정보의 누수를 초래한다.

pandas의 .drop 메서드는 행 또는 열 제거에 사용될 수 있다.

```
>>> name = df.name
>>> name.head(3)
0       Allen, Miss. Elisabeth Walton
1     Allison, Master. Hudson Trevor
2       Allison, Miss. Helen Loraine
Name: name, dtype: object

>>> df = df.drop(
...     columns=[
...         "name",
...         "ticket",
...         "home.dest",
...         "boat",
...         "body",
...         "cabin",
...     ]
... )
```

문자열 유형의 열로 더미 열을 생성한다.[10] 그러면 sex 및 embarked 에 대한 새로운 열이 생성된다. pandas는 이를 수행하기 위한 get_dummies라는 간편한 함수를 제공한다.

10 　**옮긴이** 여기서 더미란, 범주형 열이 가진 각 범주마다 추가적인 열을 생성한 것을 말한다.

```
>>> df = pd.get_dummies(df)

>>> df.columns
Index(['pclass', 'survived', 'age', 'sibsp',
    'parch', 'fare', 'sex_female', 'sex_male',
    'embarked_C', 'embarked_Q', 'embarked_S'],
    dtype='object')
```

sex_male 및 sex_female 열은 역상관관계inverse correlated에 놓이게 된다.
보통 완벽한 상관관계, 매우 높은 양의 상관관계, 매우 낮은 상관관계를
가진 모든 열들은 제거하는 것이 일반적이다. 다중공선성multicollinearity[11]
은 일부 모델에서 특징 중요도 및 상관계수의 해석에 영향을 미칠 수 있
다. 다음 코드는 sex_male 열을 삭제하는 방법을 보여 준다.

```
>>> df = df.drop(columns="sex_male")
```

추가적으로, get_dummies 함수 호출 시 drop_first=True라고 파라미
터를 지정하면 생성된 더미 열들 중 가장 첫 번째는 제거된다.

```
>>> df = pd.get_dummies(df, drop_first=True)

>>> df.columns
Index(['pclass', 'survived', 'age', 'sibsp',
    'parch', 'fare', 'sex_male',
    'embarked_Q', 'embarked_S'],
    dtype='object')
```

특징들로 구성된 DataFrame (X)와 레이블들로 구성된 Series (y)를 생
성한다. numpy 배열을 사용해도 좋지만, 그렇게 하면 열의 이름이 포
함되지 않는다.

---

11 옮긴이 다중공선성이란 독립변수들 간에 강한 상관관계가 나타나는 문제다.

```
>>> y = df.survived
>>> X = df.drop(columns="survived")
```

유용한 정보

상기 두 줄의 코드는 pyjanitor 라이브러리[12]로 구현될 수도 있다.

```
>>> import janitor as jn
>>> X, y = jn.get_features_targets(
...     df, target_columns="survived"
... )
```

3.8 샘플 데이터

항상 학습과 검증에는 서로 다른 데이터가 사용되어야 한다. 그렇지 않으면 아직까지 보지 못한 데이터에서 모델이 얼마나 잘 일반화되는지 알 수 없다. 사이킷런으로 준비된 데이터의 30%를 분리하여 검증을 위한 데이터로 빼 둘 것이다(random_state=42처럼 무작위 값을 생성하는 시드를 고정하면 실행마다 같은 무작위 값이 추출된다. 따라서 사실상 무작위성을 제거한 것이며, 이후 다른 모델과 성능 비교 시 공정함을 위한 것이다).

```
>>> X_train, X_test, y_train, y_test = model_selec
tion.train_test_split(
...     X, y, test_size=0.3, random_state=42
... )
```

3.9 데이터의 대치

age 열은 누락된 값을 가지고 있기 때문에, 이들을 수치형 값으로 대치해야 한다. 우선 대치자imputer로 학습용 데이터셋만 대치를 진행한다.

---

12 https://oreil.ly/_IWbA

그리고 사용된 같은 대치자로 검증용 데이터셋의 대치도 진행한다. 이 순서를 따르지 않으면 미래의 데이터(검증용 데이터셋)의 정보가 과거의 데이터(학습용 데이터)로 누수되는 문제가 발생할 수 있다(미래의 정보를 모델에게 제공하는 속임수를 쓰는 꼴이 된다).

대치 과정에서 대치자는 무엇을 어떻게 대치했는지를 학습한다. 그러면 이렇게 학습된 대치자로 테스트용 데이터셋의 누락된 값을 대치할 수 있다. fancyimpute 라이브러리[13]는 데이터 대치를 위한 여러 가지 알고리즘을 구현하지만, 애석하게도 해당 알고리즘들은 **인덕티브**inductive 모드[14]를 지원하는 방식으로 구현되지는 않았다. 즉 .fit 호출 후에 .transform을 호출할 수 없다는 의미로, 학습된 대치 방식을 그대로 새로운 데이터에 적용하는 것이 불가능하다는 것이다.

원래는 fancyimpute에 있었으나 지금은 사이킷런으로 이식된 Iterative Imputer 클래스는 인덕티브 모드를 지원한다. 단, 이를 사용하려면 experimental 이라는 특별한 모듈을 불러와야만 한다(사이킷런 버전 0.21.2).

```
>>> from sklearn.experimental import (
...     enable_iterative_imputer,
... )
>>> from sklearn import impute
>>> num_cols = [
...     "pclass",
...     "age",
...     "sibsp",
...     "parch",
...     "fare",
...     "sex_female",
... ]
```

---

13 https://oreil.ly/Vlf9e

14 옮긴이 인덕티브 모드란 적합 과정에서 사용된 각 특징의 누락된 값을 채워 넣은 기준(대치 모델)을 저장해 두는 것을 의미한다. 즉 적합 과정 이후에 흔히 수행되는 .transform 단계에서 다시 적합 과정을 거치지 않아도 된다. 인덕티브의 반대 의미를 가진 용어는 트랜스덕티브(transductive)다.

```
>>> imputer = impute.IterativeImputer()
>>> imputed = imputer.fit_transform(
...      X_train[num_cols]
... )
>>> X_train.loc[:, num_cols] = imputed
>>> imputed = imputer.transform(X_test[num_cols])
>>> X_test.loc[:, num_cols] = imputed
```

중앙값으로 데이터를 대치하고 싶다면 그냥 pandas를 사용하면 된다.

```
>>> meds = X_train.median()
>>> X_train = X_train.fillna(meds)
>>> X_test = X_test.fillna(meds)
```

3.10 데이터의 표준화

데이터를 표준화하거나 전처리하면 여러 모델의 성능을 더 낮게 만드는 데 도움이 된다. 특히 데이터간 유사성을 결정하는 거리 지표distance metric에 기반한 데이터 표준화가 그러하다. (각 특징을 스스로 다루는 트리형 모델은 이러한 요구 사항이 없다.)

우리는 전처리를 위한 데이터 표준화를 수행할 것이다. 표준화의 한 방법으로는 데이터가 평균 0, 표준 편차 1을 따르도록 변환하는 과정이 있다. 그러면 모델은 큰 값들로 구성된 변수를 작은 값들로 구성된 변수보다 더 중요하다고 여기지 않게 된다. 표준화 작업 후의 결과(numpy 배열)를 다시 pandas의 DataFrame으로 돌려놓는데, 그 이유는 쉬운 조작과 열의 이름을 그대로 유지하기 위해서다.

또한 더미 열들에 대해서는 표준화를 수행하지 않을 것이기 때문에 이들은 무시한다.

```
>>> cols    = "pclass,age,sibsp,fare".split(",")
>>> sca     = preprocessing.StandardScaler()
>>> X_train = sca.fit_transform(X_train)
>>> X_train = pd.DataFrame(X_train, columns=cols)
>>> X_test  = sca.transform(X_test)
>>> X_test  = pd.DataFrame(X_test, columns=cols)
```

3.11 리팩터링

이 시점에서 코드를 리팩터링한다. 보통 2개의 함수를 만드는데, 하나는 데이터 정리 작업에 대한 것이고, 다른 하나는 데이터를 학습용과테스트용으로 분리한 다음 각 데이터셋마다 필요한 다른 변환 처리 작업을 수행하기 위한 것이다.

```
>>> def tweak_titanic(df):
...     df = df.drop(
...         columns=[
...             "name",
...             "ticket",
...             "home.dest",
...             "boat",
...             "body",
...             "cabin",
...         ]
...     ).pipe(pd.get_dummies, drop_first=True)
...     return df

>>> def get_train_test_X_y(
...     df, y_col, size=0.3, std_cols=None
... ):
...     y = df[y_col]
...     X = df.drop(columns=y_col)
...     X_train, X_test, y_train, y_test =
model_selection.train_test_split(
...         X, y, test_size=size, random_state=42
...     )
...     cols = X.columns
```

```
...      num_cols = [
...          "pclass",
...          "age",
...          "sibsp",
...          "parch",
...          "fare",
...      ]
...      fi = impute.IterativeImputer()
...      X_train.loc[
...          :, num_cols
...      ] = fi.fit_transform(X_train[num_cols])
...      X_test.loc[:, num_cols] = fi.transform(
...          X_test[num_cols]
...      )
...
...      if std_cols:
...          std = preprocessing.StandardScaler()
...          X_train.loc[
...              :, std_cols
...          ] = std.fit_transform(
...              X_train[std_cols]
...          )
...          X_test.loc[
...              :, std_cols
...          ] = std.transform(X_test[std_cols])
...
...          return X_train, X_test, y_train, y_test

>>> ti_df = tweak_titanic(orig_df)
>>> std_cols = "pclass,age,sibsp,fare".split(",")
>>> X_train, X_test, y_train, y_test =
get_train_test_X_y(
...      ti_df, "survived", std_cols=std_cols
... )
```

3.12 베이스라인 모델

우리가 앞으로 만들 모델이 얼마나 좋은지를 확인하려면 비교 대상이
필요한데, 이 역할용으로 매우 간단한 베이스라인baseline 모델을 만들

수 있다. 디폴트 메서드인 .score의 결과는 오해의 소지가 있는 정확도를 반환할 수 있음에 유의한다. 양성positive인 사례가 10,000분의 1인 문제에서 항상 음성negative만을 예측한다면 쉽게 99% 이상의 정확도를 얻을 수 있다.

```
>>> from sklearn.dummy import DummyClassifier
>>> bm = DummyClassifier()
>>> bm.fit(X_train, y_train)
>>> bm.score(X_test, y_test) # 정확도
0.5292620865139949

>>> from sklearn import metrics
>>> metrics.precision_score(
...     y_test, bm.predict(X_test)
... )
0.4027777777777778
```

3.13 다양한 알고리즘

다음 코드는 다양한 종류의 알고리즘을 시도한다. '공짜 점심은 없다'라는 정리에 따르면 모든 데이터에서 잘 동작하는 알고리즘은 없지만, 일부 유한한 데이터에서 잘 동작하는 알고리즘은 존재할 수 있다. 즉 해결하려는 문제를 잘 정의하고, 그 문제에 특화된 알고리즘을 선택해야 한다. (오늘날 구조화된 데이터 학습에 XGBoost에 포함된 같은 트리 부스팅 알고리즘을 자주 사용한다.)

일부 다른 종류의 알고리즘을 수행하는 아래의 코드는 k겹 교차 검증k-fold cross-validation을 사용하여 AUCArea Under the Curve 점수 및 표준 편차를 비교한다. 평균 점수는 약간 낮더라도 표준 편차에서 더 엄격한 알고리즘이 더 좋은 선택이 될 수 있다.

k겹 교차 검증을 사용하기 때문에 학습용으로 분리된 데이터 대신 모든 데이터를 포함한 X와 y를 모델에 제공한다.

```
>>> X = pd.concat([X_train, X_test])
>>> y = pd.concat([y_train, y_test])
>>> from sklearn import model_selection
>>> from sklearn.dummy import DummyClassifier
>>> from sklearn.linear_model import (
...     LogisticRegression,
... )
>>> from sklearn.tree import DecisionTreeClassifier
>>> from sklearn.neighbors import (
...     KNeighborsClassifier,
... )
>>> from sklearn.naive_bayes import GaussianNB
>>> from sklearn.svm import SVC
>>> from sklearn.ensemble import (
...     RandomForestClassifier,
... )
>>> import xgboost

>>> for model in [
...     DummyClassifier,
...     LogisticRegression,
...     DecisionTreeClassifier,
...     KNeighborsClassifier,
...     GaussianNB,
...     SVC,
...     RandomForestClassifier,
...     xgboost.XGBClassifier,
... ]:
...     cls = model()
...     kfold = model_selection.KFold(
...         n_splits=10, random_state=42
...     )
...     s = model_selection.cross_val_score(
...         cls, X, y, scoring="roc_auc", cv=kfold
...     )
...     print(
...         f"{model.__name__:22} AUC: "
```

```
...             f"{s.mean():.3f} STD: {s.std():.2f}"
...         )
DummyClassifier              AUC: 0.511 STD: 0.04
LogisticRegression           AUC: 0.843 STD: 0.03
DecisionTreeClassifier       AUC: 0.761 STD: 0.03
KNeighborsClassifier         AUC: 0.829 STD: 0.05
GaussianNB                   AUC: 0.818 STD: 0.04
SVC                          AUC: 0.838 STD: 0.05
RandomForestClassifier       AUC: 0.829 STD: 0.04
XGBClassifier                AUC: 0.864 STD: 0.04
```

3.14 스태킹

만약 캐글Kaggle의 노선을 따라가거나 해석 가능성의 비용에서 최대 성능을 원한다면 **스태킹**stacking이 하나의 선택이 될 수 있다. 스태킹 분류기stacking classifier는 다른 모델로 얻은 출력으로 레이블(타깃)을 예측한다. 우리는 앞서 만든 모델들의 출력을 사용하고 결합하여 스태킹 분류기가 더 나은지를 확인한다.

```
>>> from mlxtend.classifier import (
...     StackingClassifier,
... )
>>> clfs = [
...     x()
...     for x in [
...         LogisticRegression,
...         DecisionTreeClassifier,
...         KNeighborsClassifier,
...         GaussianNB,
...         SVC,
...         RandomForestClassifier,
...     ]
... ]
>>> stack = StackingClassifier(
...     classifiers=clfs,
...     meta_classifier=LogisticRegression(),
```

```
... )
>>> kfold = model_selection.KFold(
...     n_splits=10, random_state=42
... )
>>> s = model_selection.cross_val_score(
...     stack, X, y, scoring="roc_auc", cv=kfold
... )
>>> print(
...     f"{stack.__class__.__name__} "
...     f"AUC: {s.mean():.3f} STD: {s.std():.2f}"
... )
StackingClassifier AUC: 0.804 STD: 0.06
```

이 경우 성능과 표준 편차가 약간 떨어진 것으로 보인다.

3.15 모델 만들기

랜덤 포레스트 분류 모델random forest classifier을 만든다. 이 종류의 모델
은 꽤 유연하고, 꽤 좋은 결과를 즉시 얻을 가능성이 높다. 앞서 학습용
과 테스트용 데이터셋으로 분리된 데이터 중 학습용 데이터로 이 모델
을 학습(.fit를 호출하여)시켜야 한다는 것을 기억하자.

```
>>> rf = ensemble.RandomForestClassifier(
...     n_estimators=100, random_state=42
... )
>>> rf.fit(X_train, y_train)
RandomForestClassifier(bootstrap=True,
   class_weight=None, criterion='gini',
   max_depth=None, max_features='auto',
   max_leaf_nodes=None,
   min_impurity_decrease=0.0,
   min_impurity_split=None,
   min_samples_leaf=1, min_samples_split=2,
   min_weight_fraction_leaf=0.0, n_estimators=10,
   n_jobs=1, oob_score=False, random_state=42,
   verbose=0, warm_start=False)
```

3.16 모델의 평가

이제 모델이 생겼으니 모델이 보지 못한 테스트용 데이터셋으로 모델의
일반화 정도를 확인한다. 분류기의 .score 메서드는 평균 예측 정확도
를 반환한다. 그리고 .score 메서드가 반드시 테스트용 데이터셋에 대
하여 실행되도록 해준다(대개 학습용 데이터셋에 대하여 더 나은 성능이 발휘
되어야 한다).

```
>>> rf.score(X_test, y_test)
0.7964376590330788
```

또한 정밀도precision와 같은 다른 측정 지표metrics도 살펴볼 수 있다.

```
>>> metrics.precision_score(
...     y_test, rf.predict(X_test)
... )
0.8013698630136986
```

트리 기반 모델의 좋은 점은 특징 중요도를 살펴볼 수 있다는 것이다.
특징 중요도는 각 특징이 모델에 기여한 정도를 보여 준다. 특정 특징
을 제거하더라도 점수가 그만큼 낮아진다는 의미는 아니다. 왜냐하면
어떤 특징들은 동일선상colinear에 있을 수 있기 때문이다(이 예제의 경우,
둘 다 음의 상관관계를 보이는 sex_male 또는 sex_female 열 중 하나를 제거할
수 있다).

```
>>> for col, val in sorted(
...     zip(
...         X_train.columns,
...         rf.feature_importances_,
...     ),
...     key=lambda x: x[1],
```

```
...        reverse=True,
... )[:5]:
...        print(f"{col:10}{val:10.3f}")
age             0.277
fare            0.265
sex_female      0.240
pclass          0.092
sibsp           0.048
```

특징 중요도는 오차의 증가를 보고 계산된다. 만약 특징이 제거됐을 때 모델의 오차가 증가한다면, 그 특징을 중요하다고 판단한다.

모델이 중요하다고 생각하는 특징의 탐구 및 예측 결과의 해석에는 SHAP_{SHapley Additive exPlanations}(균형 잡힌 부가 설명)[15] 라이브러리가 꽤 좋다고 생각한다. 이 라이브러리는 특정 모델에 종속적이지 않은 해석 방법을 제공하여, 모델을 일종의 블랙박스로 바라본다. 자세한 예는 나중에 다룬다.

③.17 모델의 최적화

모델에는 행동을 제어하는 **하이퍼파라미터**hyperparameters가 있다. 하이퍼파라미터의 값을 달리하여 성능에 변화를 줄 수 있다. 사이킷런의 격자 탐색grid search용 클래스인 GridSearchCV는 서로 다른 하이퍼파라미터의 조합으로 모델을 검증하고, 그중 최고의 결과를 도출한 하이퍼파라미터를 반환한다. 그러면 반환된 최고의 조합으로 모델의 인스턴스를 만들 수 있다.

```
>>> rf4 = ensemble.RandomForestClassifier()
>>> params = {
...     "max_features": [0.4, "auto"],
```

---

15 https://oreil.ly/QYj-q

```
...      "n_estimators": [15, 200],
...      "min_samples_leaf": [1, 0.1],
...      "random_state": [42],
...}
>>> cv = model_selection.GridSearchCV(
...      rf4, params, n_jobs=-1
... ).fit(X_train, y_train)
>>> print(cv.best_params_)
{'max_features': 'auto', 'min_samples_leaf': 0.1,
 'n_estimators': 200, 'random_state': 42}

>>> rf5 = ensemble.RandomForestClassifier(
...      **{
...          "max_features": "auto",
...          "min_samples_leaf": 0.1,
...          "n_estimators": 200,
...          "random_state": 42,
...      }
...)
>>> rf5.fit(X_train, y_train)
>>> rf5.score(X_test, y_test)
0.7888040712468194
```

GridSearchCV의 scoring 인자 값을 설정하면 서로 다른 평가 지표 metrics에 대한 최적화를 수행할 수 있다. 모든 평가 지표의 목록과 각 의미를 파악하려면 12장을 확인하기 바란다.

3.18 오차 행렬

오차 행렬confusion matrix을 사용하면 올바르게 분류된 항목, 거짓 양성 false positive, 거짓 음성false negative과 같은 내용을 확인할 수 있다. 최적화를 원하는 방향이 거짓 양성이나 거짓 음성이 될지도 모르고, 서로다른 모델이나 파라미터가 원하는 방향으로의 변화를 만들어 낼 수도 있다. 텍스트 버전의 오차 행렬은 사이킷런을, 그래픽 버전의 오차 행렬은 옐로브릭 라이브러리를 사용하여 얻을 수 있다(그림 3-4).

```
>>> from sklearn.metrics import confusion_matrix
>>> y_pred = rf5.predict(X_test)
>>> confusion_matrix(y_test, y_pred)
array([[196, 28],
       [ 55, 114]])

>>> mapping = {0: "died", 1: "survived"}
>>> fig, ax = plt.subplots(figsize=(6, 6))
>>> cm_viz = ConfusionMatrix(
...     rf5,
...     classes=["died", "survived"],
...     label_encoder=mapping,
... )
>>> cm_viz.score(X_test, y_test)
>>> cm_viz.poof()
>>> fig.savefig(
...     "images/mlpr_0304.png",
...     dpi=300,
...     bbox_inches="tight",
... )
```

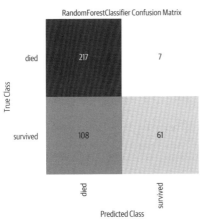

그림 3-4 옐로브릭으로 그린 오차 행렬은 유용한 평가 도구로, 하단과 좌측에는 각각 예측된 범주 및 실제 범주가 표시된다. 좋은 분류기는 이 오차 행렬의 좌상향 대각선에 큰 값을, 다른 부분에 대해서는 0에 가까운 값을 가지는 경향이 있다.

3.19 ROC 곡선

수신자 조작 특성Receiver Operating Characteristic, ROC 도표는 분류기를 평가하는 데 일반적으로 사용되는 도구다. 곡선 아래의 면적Area Under the Curve, AUC을 측정하여 다른 분류기와 비교하기 위한 평가 지표를 얻을 수 있다(그림 3-5). ROC는 거짓 양성률false positive rate에 대한 참 양성률true positive rate 도표를 그린다. AUC 계산에는 사이킷런을 활용할 수 있다.

```
>>> y_pred = rf5.predict(X_test)
>>> roc_auc_score(y_test, y_pred)
0.7747781065088757
```

ROC 도표 시각화에는 옐로브릭을 사용한다.

```
>>> fig, ax = plt.subplots(figsize=(6, 6))
>>> roc_viz = ROCAUC(rf5)
>>> roc_viz.score(X_test, y_test)
0.8279691030696217
>>> roc_viz.poof()
>>> fig.savefig("images/mlpr_0305.png")
```

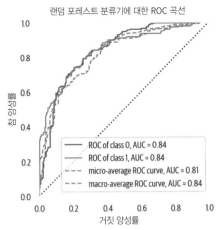

랜덤 포레스트 분류기에 대한 ROC 곡선

참 양성률 (y축)
거짓 양성률 (x축)

ROC of class 0, AUC = 0.84
ROC of class 1, AUC = 0.84
micro-average ROC curve, AUC = 0.81
macro-average ROC curve, AUC = 0.84

그림 3-5 ROC 곡선으로 거짓 양성률에 대한 참 양성률 도표를 보여 준다. 일반적으로 곡선이 더 볼록할수록 더 좋다. AUC 측정은 평가를 위한 단일 숫자를 제공하는데 1에 가까울수록 더 좋다. .5 이하는 좋지 않은 모델을 의미한다.

3.20 학습 곡선

학습 곡선learning curve은 학습용 데이터가 충분한지를 파악하는 데 사용된다. 학습 데이터의 양을 점점 증가시키면서 모델을 학습시키고 점수를 측정한다(그림 3-6). 교차 검증 점수가 계속해서 증가한다면 보다 많은 데이터 수집에 투자가 필요할지도 모른다. 다음은 옐로브릭을 사용한 예제 코드다.

```
>>> import numpy as np
>>> fig, ax = plt.subplots(figsize=(6, 4))
>>> cv = StratifiedKFold(12)
>>> sizes = np.linspace(0.3, 1.0, 10)
>>> lc_viz = LearningCurve(
...     rf5,
...     cv=cv,
...     train_sizes=sizes,
```

```
...        scoring="f1_weighted",
...        n_jobs=4,
...        ax=ax,
... )
>>> lc_viz.fit(X, y)
>>> lc_viz.poof()
>>> fig.savefig("images/mlpr_0306.png")
```

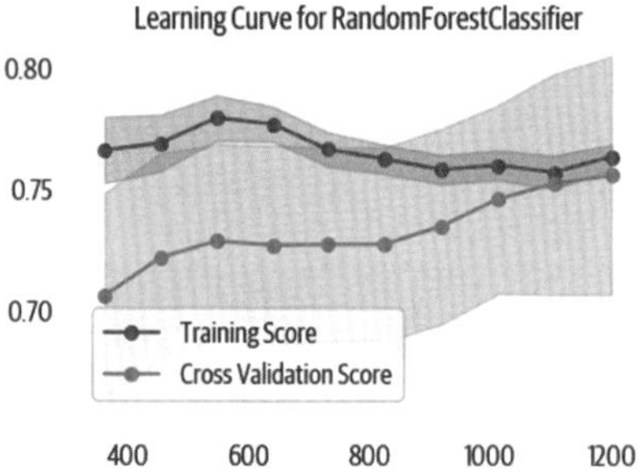

Learning Curve for RandomForestClassifier

그림 3-6 이 학습 곡선은 더 많은 학습 데이터가 추가됨에 따라 교차 검증(테스트 데이터셋에 대한) 점수가 증가함을 보여 준다.

3.21 모델의 배포

파이썬의 pickle 모듈을 사용하면 모델을 영구적으로 저장하고, 나중에 다시 불러오는 일을 할 수 있다. 모델을 불러온 다음에는 .predict 메서드를 호출하여 분류나 회귀의 예측 결과를 얻을 수 있다.

```
>>> import pickle
>>> pic = pickle.dumps(rf5)
>>> rf6 = pickle.loads(pic)
>>> y_pred = rf6.predict(X_test)
>>> roc_auc_score(y_test, y_pred)
0.7747781065088757
```

Flask[16]를 사용한 예측용 웹 서비스 배포는 매우 일반적이다. 그리고 지금은 배포를 지원하는 상업적 상품 및 오픈 소스 프로젝트가 계속해서 등장하고 있다. 그중에는 Clipper[17], Pipeline[18], 구글 클라우드 머신러닝 엔진[19] 등이 있다.

---

16 https://palletsprojects.com/p/flask
17 http://clipper.ai/
18 https://oreil.ly/UfHdP
19 https://oreil.ly/1qYkH

누락된 데이터

앞 장에서 누락된 데이터의 예시를 살펴보았는데, 이번 장에서는 좀 더 깊이 파고든다. 데이터가 누락되었을 때 대부분의 알고리즘은 잘 작동하지 않지만, XGBoost, Cat-Boost, LightGBM과 같은 최근의 부스팅 라이브러리는 예외적으로 잘 동작하는 경우가 많다.

머신러닝과 관련해서 많은 것들이 그러하듯 누락된 데이터를 다루는 법에도 정해진 답은 없으며 상황에 따라 다른 방식이 적용되어야 한다. 가령 인구 조사 데이터에서 나이라는 특징이 누락된 채 보고되었다고 상상해 보자. 그 이유로는 다음과 같은 것을 생각해 볼 수 있다. 조사 대상이 나이를 드러내고 싶지 않아서일까? 본인의 나이를 모르기 때문일까? 조사자가 나이 물어 보는 것을 깜박해서일까? 누락된 나이의 값 사이에는 어떤 패턴이 있을까? 다른 특징과 상관관계를 가질까? 아니면 그냥 무작위적으로 발생하는 것일까?

누락된 데이터를 처리하는 방법도 다음과 같이 다양하다.

- 누락된 데이터가 존재하는 모든 행을 제거한다.

- 누락된 데이터가 존재하는 모든 열을 제거한다.
- 누락된 값을 대치한다.
- 데이터가 누락되었음을 마킹하는 별도의 열을 만든다.

4.1 누락된 데이터의 분석

타이타닉 데이터로 돌아가 보자. 파이썬은 True와 False를 각각 1과 0
으로 취급하는데 이 특성을 pandas에서 활용하면 누락된 데이터의 비
율을 쉽게 구할 수 있다.

```
>>> df.isnull().mean() * 100
pclass         0.000000
survived       0.000000
name           0.000000
sex            0.000000
age           20.091673
sibsp          0.000000
parch          0.000000
ticket         0.000000
fare           0.076394
cabin         77.463713
embarked       0.152788
boat          62.872422
body          90.756303
home.dest     43.086325
dtype: float64
```

누락된 데이터의 패턴은 missingno 라이브러리[1]로 시각화할 수 있다.
이 라이브러리는 누락된 데이터가 무작위로 등장하는지, 아니면 연속
적으로 등장하는지와 같이 그 영역을 확인하는 데 유용하다(그림 4-1).

---

[1] https://oreil.ly/rgYJG

matrix 함수는 오른쪽에 스파크라인[2]도 함께 출력한다. 이 예제의 패턴은 누락된 데이터가 무작위로 발생하지 않았음을 보여 준다. 패턴이 드러날 수 있도록 샘플의 개수를 제한해야 할지도 모른다.

```
>>> import missingno as msno
>>> ax = msno.matrix(orig_df.sample(500))
>>> ax.get_figure().savefig("images/mlpr_0401.png")
```

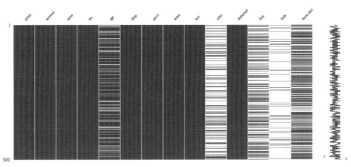

그림 4-1 데이터가 누락된 부분. 필자에게도 뚜렷한 패턴이 보이지는 않는다.

pandas로 각 특징별 누락되지 않은 데이터의 비율을 막대그래프로 시각화할 수 있다(그림 4-2).

```
>>> fig, ax = plt.subplots(figsize=(6, 4))
>>> (1 - df.isnull().mean()).abs().plot.bar(ax=ax)
>>> fig.savefig("images/mlpr_0402.png", dpi=300)
```

---

2   [옮긴이] 축의 정보 없이 빠르게 통계적/수치적 정보를 확인하는 목적으로 사용되는 작은 그래프.

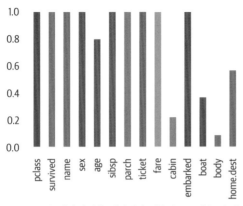

그림 4-2 누락되지 않은 데이터의 비율. boat 및 body에서 많은 데이터가 누락된 것으로 보이므로 이 두 열은 무시되어야 한다. age에서 누락이 발생했다는 것은 흥미로운 사실이다.

또는 missingno 라이브러리로도 동일한 도표를 만들 수 있다(그림 4-3).

```
>>> ax = msno.bar(orig_df.sample(500))
>>> ax.get_figure().savefig("images/mlpr_0403.png")
```

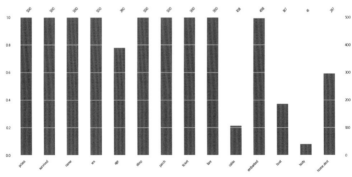

그림 4-3 missingno를 사용해서 시각화한 누락되지 않은 데이터의 비율

누락된 데이터가 있는 열 간의 상관관계를 보여 주는 히트맵을 만들 수도 있다(그림 4-4). 이 예제 데이터로 히트맵을 구성한 결과 데이터가 누락된 열 중 상관관계가 있는 것은 없어 보인다.

```
>>> ax = msno.heatmap(df, figsize=(6, 6))
>>> ax.get_figure().savefig("/tmp/mlpr_0404.png")
```

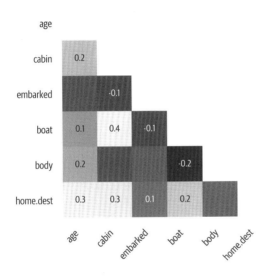

그림 4-4 missingno로 시각화한 누락된 데이터 간의 상관관계

데이터가 누락된 열들의 군집 간 연관성을 보이기 위한 덴드로그램dendrogram을 만들 수도 있다(그림 4-5). 같은 계위의 리프leaf는 서로의 존재를 예측한다. 수직 선은 각 군집 간의 다른 정도를 표현한다. 수직 선이 짧을수록 연결된 양 갈래의 군집 간 의미가 유사하다.

```
>>> ax = msno.dendrogram(df)
>>> ax.get_figure().savefig("images/mlpr_0405.png")
```

그림 4-5 missingno로 시각화한 누락된 데이터의 덴드로그램이다. 우측 상단에 나열된 열에는 누락된 데이터가 없다.

4.2 누락된 데이터의 삭제

pandas 라이브러리의 .dropna 메서드를 사용하면 누락된 데이터가 포함된 모든 행을 삭제할 수 있다.

```
>>> df1 = df.dropna()
```

행 대신 열을 삭제하려면 우선 누락된 데이터가 있는 열의 이름을 기억해 둔다. 그러고 나서 해당 열의 이름을 .drop 메서드에 입력하여 삭제할 수 있다. 이때 열 이름 목록을 삭제 대상으로 전달해 줄 수도 있다.

```
>>> df1 = df.drop(columns="cabin")
```

또는 .dropna 메서드의 axis=1 파라미터 값을 설정하여 열을 삭제하는 방법도 있다. axis의 1은 열에 해당하는 축을 기준으로 삭제한다는 의미로, 누락된 데이터가 있는 모든 열을 삭제한다.

```
>>> df1 = df.dropna(axis=1)
```

데이터를 삭제할 때는 항상 주의해야 한다. 왜냐하면 행이든 열이든 삭제되면 누락되지 않은 데이터도 함께 유실되기 때문이다. 필자는 보통 최후의 수단으로서 데이터 삭제의 옵션을 선택한다.

4.3 데이터의 대치

데이터 예측 도구를 만들었다면 그 도구로 누락된 데이터를 예측할 수도 있다. 일반적으로 이러한 작업은 **대치**imputation라고 정의된다.

데이터를 대치할 때는 모델의 생성 및 예측에서 사용된 것과 동일한 대치 로직을 갖춘 파이프라인pipeline을 구축해야 한다.[3] 사이킷런의 SimpleImputer 클래스는 평균, 중앙값, 가장 빈도가 높은 특징 값으로 누락된 부분을 채워 넣는다.

그중 기본적인 동작은 평균을 계산하는 것이다.

```
>>> from sklearn.impute import SimpleImputer
>>> num_cols = df.select_dtypes(
...       include="number"
... ).columns
>>> im = SimpleImputer() # 평균
>>> imputed = im.fit_transform(df[num_cols])
```

strategy='median' 및 strategy='most_frequent' 파라미터 값은 각각 대치할 값을 중앙값 또는 최빈값으로 설정할 수 있다. 또는 상수 값 -1을 대치값으로 설정하고 싶다면 strategy='constant' 및 fill_value=-1의 파라미터 값들을 설정하면 된다.

---

3   옮긴이 파이프라인은 '처리 공정'이라는 뜻으로, 모델이 생성될 당시의 데이터, 모델이 예측할 때 마주칠 새로운 데이터 모두에 같은 로직이 적용되도록 공정을 단일화하는 작업을 말한다.

유용한정보

pandas의 .fillna 메서드로도 누락된 값을 대치할 수 있다. 이 방법을 사용할 때는 데이터의 누수에 주의해야 한다. 평균값으로 채워 넣는다면 같은 평균값을 모델의 생성과 예측에서 사용해야만 한다.

최빈값 및 상수값을 사용하는 전략은 숫자 또는 문자열 데이터에 사용될 수 있다. 반면 평균과 중앙값은 숫자 데이터가 필요하다.

fancyimpute 라이브러리는 사이킷런 인터페이스 규격을 따라 여러 알고리즘을 구현한다. 하지만 이 중 대부분은 트랜스덕티브 모드만을 지원하기 때문에 적합된 이후 .transform 메서드를 호출할 수 없다. 다만 IterativeImputer는 fancyimpute에서 사이킷런으로 마이그레이션된 것이기 때문에 **인덕티브 모드**를 지원하며, 적합된 이후 .transform를 호출할 수 있다.

4.4 지시자 열의 추가

데이터가 부족하다는 사실 자체가 모델에는 어떤 신호가 될 수 있다. pandas 라이브러리로 값이 누락되었음을 나타내는 새로운 열을 추가하는 방법도 고려해 볼 만하다.

```
>>> def add_indicator(col):
...     def wrapper(df):
...         return df[col].isna().astype(int)
...
...     return wrapper

>>> df1 = df.assign(
...     cabin_missing=add_indicator("cabin")
... )
```

CHAPTER

05

데이터의 정리

데이터 정리에는 pandas 같은 범용적인 도구도 좋지만, pyjanitor 같은
전문화된 도구를 사용할 수도 있다.

5.1 열의 이름

pandas를 사용할 때 파이썬 친화적인 열 이름을 사용하면 접근성이 좋
은 속성을 만들 수 있다. pyjanitor의 clean_names 함수는 열 이름 중
공백 문자는 밑줄로, 알파벳은 소문자로 바꾼 새로운 DataFrame을 반
환한다.

```
>>> import janitor as jn
>>> Xbad = pd.DataFrame(
...     {
...         "A": [1, None, 3],
...         " sales numbers ": [20.0, 30.0, None],
...     }
... )
>>> jn.clean_names(Xbad)
    a  _sales_numbers_
```

```
0  1.0          20.0
1  NaN          30.0
2  3.0           NaN
```

유용한정보 색인(index)을 할당하는 기능을 가진 .assign, .loc, .loc 메서드를 사용하여 열을 갱신하기를 권장한다. 그리고 pandas에서는 속성 할당을 통해서 열 갱신을 하지 않기를 권장한다. 열 이름과 같은 메서드가 있다면 이를 덮어쓰는 결과를 초래할 수 있기 때문에 속성 할당은 항상 문제없이 작동한다고 보장하기 어렵다.

pyjanitor 라이브러리는 편리하지만, 열 주변의 공백 문자를 제거하지는 못한다. pandas를 사용하면 보다 미세하게 열 이름을 조작할 수 있다.

```
>>> def clean_col(name):
...     return (
...         name.strip().lower().replace(" ", "_")
...     )
>>> Xbad.rename(columns=clean_col)
     a   sales_numbers
0  1.0          20.0
1  NaN          30.0
2  3.0           NaN
```

5.2 누락된 값의 교체

pyjanitor의 coalesce 함수는 DataFrame과 열 목록을 입력받는다. 엑셀, SQL 데이터베이스와 유사한 기능을 제공하는 이 함수는 입력된 열중 첫 번째에 대하여 값이 누락된 부분을 두 번째, 세 번째, ... 열의 값으로 채워 넣는다. 두 번째에서도 누락되었다면 세 번째, 세 번째에서도 누락되었다면 네 번째, ...와 같은 방식이다. 만약 new_column_name 파

라미터에 값이 설정되었다면 값이 채워 넣어진 원본 열의 이름을 새로
지정할 수 있다.

```
>>> jn.coalesce(
...     Xbad,
...     columns=["A", " sales numbers "],
...     new_column_name="val",
... )
    val
0   1.0
1  30.0
2   3.0
```

누락된 값을 특정 값으로 채워 넣고 싶다면 DataFrame의 .fillna 메서
드를 사용한다.

```
>>> Xbad.fillna(10)
      A   sales numbers
0   1.0            20.0
1  10.0            30.0
2   3.0            10.0
```

또는 pyjanitor의 fill_empty 함수를 사용해도 된다.

```
>>> jn.fill_empty(
...     Xbad,
...     columns=["A", " sales numbers "],
...     value=10,
... )
      A   sales numbers
0   1.0            20.0
1  10.0            30.0
2   3.0            10.0
```

그리고 pandas, fancyimpute, 사이킷런으로 열별로 발생한 누락된 값을 보다 세부적으로 대치하는 작업을 하기도 한다.

pandas를 사용해서 모델 생성 전의 온전성 검사의 일환으로, 모든 누락된 값이 다뤄졌는지를 확인할 수 있다. 다음 코드는 DataFrame에서 누락된 값이 하나라도 존재하는지를 검사한 후 부울 값으로 반환한다.

```
>>> df.isna().any().any()
True
```

CHAPTER

06

탐색

관련 분야 전문가Subject Matter Expert, SME를 데려와서 데이터 과학을 습득하게 하는 것이 그 반대의 경우보다 쉬운 편이다. 데이터는 영역별로 미묘한 차이가 있고 그 영역의 SME가 그 분석에 도움을 줄 수 있다는 것은 사실이다. 비즈니스와 데이터를 모두 이해하면 보다 나은 모델을 만들고, 비즈니스적 관점에서도 보다 좋은 영향력을 보여 줄 수 있다.

모델을 만들기 전에 일부 탐색적 데이터 분석을 해본다. 이를 통해 데이터에 대한 감을 잡을 수 있으며, 데이터를 지배하는 사업 단위의 문제를 마주하고 논의할 수 있는 좋은 기회를 얻을 수 있다.

6.1 데이터의 크기

다시 한번 타이타닉 데이터셋을 사용한다. DataFrame의 .shape 속성은 행과 열의 개수를 튜플tuple 형식으로 반환한다.

```
>>> X.shape
(1309, 8)
```

이로부터 해당 데이터셋이 1,309개의 행과 8개의 열로 구성된 사실을 알 수 있다.

6.2 요약 통계

pandas로는 데이터의 요약 통계도 구할 수 있다. `.describe` 메서드는 NaN이 아닌 값의 개수도 확인시켜 준다. 첫 번째와 마지막 열에 대한 결과를 살펴보자.

```
>>> X.describe().iloc[:, [0, -1]]
           pclass    embarked_S
count   1309.000000  1309.000000
mean      -0.012831     0.698243
std        0.995822     0.459196
min       -1.551881     0.000000
25%       -0.363317     0.000000
50%        0.825248     1.000000
75%        0.825248     1.000000
max        0.825248     1.000000
```

출력 내용 중 count 행을 보면 두 열이 꽉 채워진 것을 알 수 있다. 누락된 값이 없다는 것이다. 또한 평균mean, 표준 편차standard deviation, 최솟값minimum, 최댓값maximum, 사분위 수에 대한 정보도 알 수 있다.

pandas의 DataFrame에는 인덱싱 연산을 할 수 있는 iloc 속성이 있다. 색인 위치에 따라 행과 열을 선택할 수 있다. 스칼라, list, slice 값으로 행 위치를 명시한 다음, 콤마 문자를 기입한 후 마찬가지로 스칼라, list, slice 값으로 열 위치를 명시하면 된다.

다음 코드는 두 번째와 다섯 번째 행에 대하여 마지막 3개의 열을 추출한다.

```
>>> X.iloc[[1, 4], -3:]
     sex_male  embarked_Q  embarked_S
677       1.0           0           1
```

```
864        0.0              0              1
```

.loc이라는 속성도 있다. 이 속성을 사용하면 위치가 아니라 이름을 기반으로 행과 열을 추출할 수 있다. 다음은 같은 DataFrame에 대하여 .iloc의 예제와 같은 부분을 추출하는 방법을 보여 준다.

```
>>> X.loc[[677, 864], "sex_male":]
      sex_male  embarked_Q  embarked_S
677      1.0             0            1
864      0.0             0            1
```

6.3 히스토그램

히스토그램은 수치형 데이터를 시각화하는 훌륭한 도구로, 데이터의 분포 확인은 여러 가지 활용 방법 중 하나다(그림 6-1). pandas 라이브러리는 히스토그램을 출력하기 위한 .plot 메서드를 제공한다.

```
>>> fig, ax = plt.subplots(figsize=(6, 4))
>>> X.fare.plot(kind="hist", ax=ax)
>>> fig.savefig("images/mlpr_0601.png", dpi=300)
```

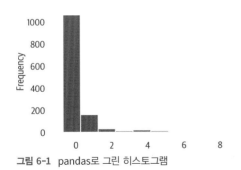

그림 6-1 pandas로 그린 히스토그램

seaborn 라이브러리를 사용하면 타깃에 대해 연속적인 값을 표현하는 히스토그램을 그릴 수 있다(그림 6-2).

```
>>> fig, ax = plt.subplots(figsize=(12, 8))
>>> mask = y_train == 1
>>> ax = sns.distplot(X_train[mask].fare, label='survived')
>>> ax = sns.distplot(X_train[~mask].fare, label='died')
>>> ax.set_xlim(-1.5, 1.5)
>>> ax.legend()
>>> fig.savefig('images/mlpr_0602.png', dpi=300, bbox_inches=
... 'tight')
```

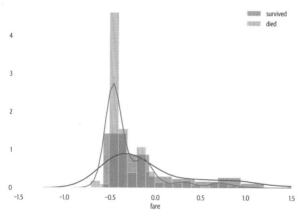

그림 6-2 seaborn으로 그린 히스토그램

6.4 산점도

산점도는 두 수치형 열 간의 관계를 표현한다(그림 6-3). pandas를 사용하면 산점도를 쉽게 그릴 수 있다. 데이터 점이 겹치는 경우 alpha 파라미터로 투명도 조절도 가능하다.

```
>>> fig, ax = plt.subplots(figsize=(6, 4))
>>> X.plot.scatter(
...     x="age", y="fare", ax=ax, alpha=0.3
... )
>>> fig.savefig("images/mlpr_0603.png", dpi=300)
```

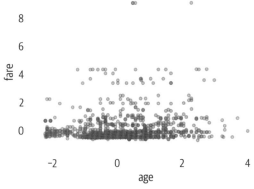

그림 6-3 pandas로 그린 산점도

이 두 특징 사이에는 큰 상관관계가 없는 것으로 보인다. 두 열 간의 상관관계를 정량화하려면 .corr 메서드로 피어슨 상관계수를 구한다.

```
>>> X.age.corr(X.fare)
0.17818151568062093
```

6.5 조인트 플롯

옐로브릭을 사용하면 좀 더 복잡한 산점도를 그릴 수 있다. 가장자리에 히스토그램이, 중앙에는 산점도에 회귀선이 포함된 조인트 플롯을 구성하는 것이 가능하다(그림 6-4).[1]

```
>>> from yellowbrick.features import (
...     JointPlotVisualizer,
... )
>>> fig, ax = plt.subplots(figsize=(6, 6))
```

---

1   **옮긴이** 잠시 뒤에 다른 종류가 나오겠지만, 여러 그래프를 이와 같은 레이아웃에 배치하는 것을 조인트 플롯이라고 한다.

```
>>> jpv = JointPlotVisualizer(
...     feature="age", target="fare"
... )
>>> jpv.fit(X["age"], X["fare"])
>>> jpv.poof()
>>> fig.savefig("images/mlpr_0604.png", dpi=300)
```

주의사항

방금 사용한 .fit 메서드에서의 X와 y는 각각의 열을 가리킨다. 일반적으로 X는 series가 아닌 DataFrame이다.

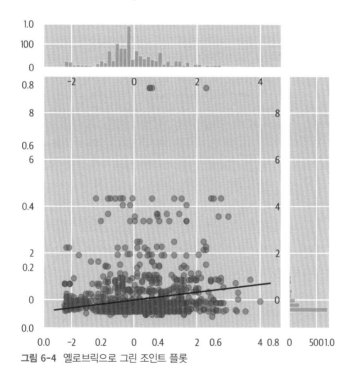

그림 6-4 옐로브릭으로 그린 조인트 플롯

seaborn[2] 라이브러리로도 조인트 플롯을 그릴 수 있다(그림 6-5).

```
>>> from seaborn import jointplot
>>> fig, ax = plt.subplots(figsize=(6, 6))
>>> new_df = X.copy()
>>> new_df["target"] = y
>>> p = jointplot(
...     "age", "fare", data=new_df, kind="reg"
... )
>>> p.savefig("images/mlpr_0605.png", dpi=300)
```

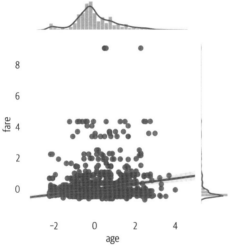

그림 6-5 seaborn으로 그린 조인트 플롯

6.6 쌍 격자

seaborn 라이브러리는 쌍 격자 도표를 만들 수 있다(그림 6-6). 이 도표
는 두 열의 조합에 대한 커널 밀도 추정Kernel Densit Estimation, KDE 행렬을

---

2   https://seaborn.pydata.org/

그린다. DataFrame의 특정 열의 값에 따라 색을 칠하려면 hue 파라미터를 사용한다. 타깃에 따라 색을 칠하면 타깃에 대한 특징들의 서로 다른 영향을 한눈에 확인할 수 있다.

```
>>> from seaborn import pairplot
>>> fig, ax = plt.subplots(figsize=(6, 6))
>>> new_df = X.copy()
>>> new_df["target"] = y
>>> vars = ["pclass", "age", "fare"]
>>> p = pairplot(
...     new_df, vars=vars, hue="target", kind="reg"
... )
>>> p.savefig("images/mlpr_0606.png", dpi=300)
```

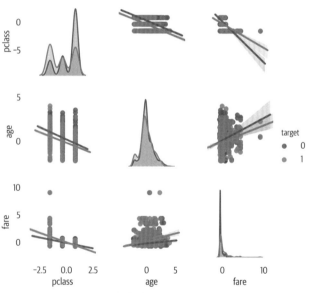

그림 6-6 seaborn으로 그린 쌍 격자 도표

6.7 박스 플롯과 바이올린 플롯

seaborn은 분포를 시각화하기 위한 다양한 도표를 제공한다. 여기서는 그중 박스 플롯과 바이올린 플롯을 소개한다(그림 6-7. 그림 6-8). 이 둘은 타깃에 대한 특징의 분포를 시각화하는 데 사용된다.

```
>>> from seaborn import boxplot
>>> fig, ax = plt.subplots(figsize=(8, 6))
>>> new_df = X.copy()
>>> new_df["target"] = y
>>> boxplot(x="target", y="age", data=new_df)
>>> fig.savefig("images/mlpr_0607.png", dpi=300)
```

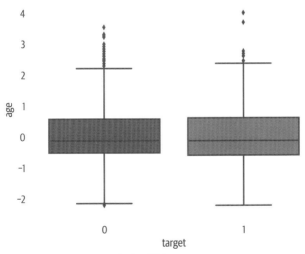

그림 6-7 seaborn으로 그린 박스 플롯

바이올린 플롯은 분포의 시각화에 유용하다.

```
>>> from seaborn import violinplot
>>> fig, ax = plt.subplots(figsize=(8, 6))
>>> new_df = X.copy()
```

```
>>> new_df["target"] = y
>>> violinplot(
...     x="target", y="sex_male", data=new_df
... )
>>> fig.savefig("images/mlpr_0608.png", dpi=300)
```

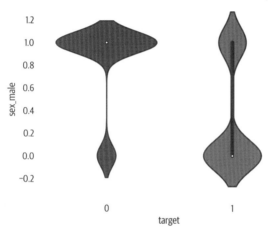

그림 6-8 seaborn으로 그린 바이올린 플롯

6.8 두 순서형 값의 비교

다음은 두 순서형 범주를 비교하는 pandas를 이용한 코드다. age 열의 값들을 10 분위수로 구간을 나누고, pclass 열의 값은 3개의 구간으로 나누어 시뮬레이션한다. 도표는 수직 영역을 모두 채우기 위해서 정규화되었다. 이 도표를 보면 40% 분위수 내의 대부분의 티켓은 3등석(3rd class)에 속한 것을 쉽게 확인할 수 있다(그림 6-9).

```
>>> fig, ax = plt.subplots(figsize=(8, 6))
```

```
>>> (
...     X.assign(
...         age_bin=pd.qcut(
...             X.age, q=10, labels=False
...         ),
...         class_bin=pd.cut(
...             X.pclass, bins=3, labels=False
...         ),
...     )
...     .groupby(["age_bin", "class_bin"])
...     .size()
...     .unstack()
...     .pipe(lambda df: df.div(df.sum(1), axis=0))
...     .plot.bar(
...         stacked=True,
...         width=1,
...         ax=ax,
...         cmap="viridis",
...     )
...     .legend(bbox_to_anchor=(1, 1))
... )
>>> fig.savefig(
...     "image/mlpr_0609.png",
...     dpi=300,
...     bbox_inches="tight",
... )
```

다음 코드는

```
.groupby(["age_bin", "class_bin"])
.size()
.unstack()
```

다음과 같이 대체될 수 있다.

```
.pipe(lambda df: pd.crosstab(
    df.age_bin, df.class_bin)
)
```

pandas를 사용하면 같은 작업이라도 여러 가지 방식으로 구현될 수 있다.
pd.crosstab과 같은 일부 유틸리티 함수는 다른 기능들을 조합하기도 한다.

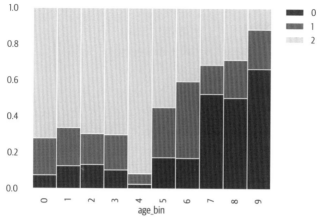

그림 6-9 순서형 값의 비교

6.9 상관관계

옐로브릭은 특징들을 쌍으로 비교할 수 있다(그림 6-10). 이 도표는 각 두 특징의 조합 간의 피어슨 상관관계(algorithm 파라미터의 값으로는 'spearman' 또는 'covariance'도 사용될 수 있다)를 보여 준다.

```
>>> from yellowbrick.features import Rank2D
>>> fig, ax = plt.subplots(figsize=(6, 6))
>>> pcv = Rank2D(
...     features=X.columns, algorithm="pearson"
... )
>>> pcv.fit(X, y)
>>> pcv.transform(X)
>>> pcv.poof()
>>> fig.savefig(
...     "images/mlpr_0610.png",
...     dpi=300,
...     bbox_inches="tight",
... )
```

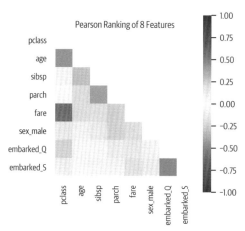

그림 6-10 옐로브릭으로 생성된 피어슨 상관관계

유사한 도표인 히트맵(heat map) 또한 seaborn 라이브러리에서 이용 가
능하다(그림 6-11). 단, 히트맵을 그리려면 이미 구해진 상관관계를 담은
DataFrame이 데이터로 제공되어야 한다. 아쉽지만 실제 행렬 값의 범
위가 –1과 1, 또는 vmin과 vmax 파라미터 값을 그렇게 조절하지 않는
한 색상 막대의 범위는 –1에서 1로 되지 않는다.

```
>>> from seaborn import heatmap
>>> fig, ax = plt.subplots(figsize=(8, 8))
>>> ax = heatmap(
...     X.corr(),
...     fmt=".2f",
...     annot=True,
...     ax=ax,
...     cmap="RdBu_r",
...     vmin=-1,
...     vmax=1,
... )
>>> fig.savefig(
...     "images/mlpr_0611.png",
...     dpi=300,
```

```
...        bbox_inches="tight",
...   )
```

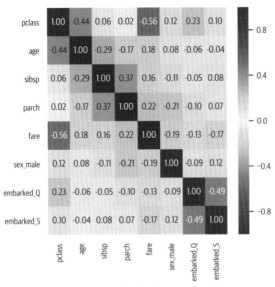

그림 6-11 seaborn으로 그린 히트맵

pandas 라이브러리 또한 특징 간의 상관관계를 제공할 수 있다. 다음 코드는 처음 2개의 열에 대해서만 결과를 보여 준다. 상관관계를 계산하는 기본 방법은 'pearson'이지만, method 파라미터 값을 'kendall', 'spearman'로 지정하거나 두 열을 입력받아 부동 소수 값을 반환하는 등 여러분만의 함수를 대입해도 좋다.

```
>>> X.corr().iloc[:, :2]
            pclass        age
pclass    1.000000  -0.440769
age      -0.440769   1.000000
sibsp     0.060832  -0.292051
parch     0.018322  -0.174992
```

```
 fare       -0.558831   0.177205
 sex_male    0.124617   0.077636
 embarked_Q  0.230491  -0.061146
 embarked_S  0.096335  -0.041315
```

상관성이 높은 열들은 별다른 가치가 없으며, 특징 중요도 및 회귀 계수의 해석을 의미 없게 만들 수 있다. 아래는 상관관계를 가진 열들을 찾는 코드다. 이 데이터에서는 상관성이 높다고 나타나는 열이 없다 (sex_male 열을 제거했었다는 것을 상기하자).

상관관계에 놓인 열이 있다면 특징 데이터에서 level_0 또는 level_1 중 하나를 제거할 수 있다.

```
>>> def correlated_columns(df, threshold=0.95):
...     return (
...         df.corr()
...         .pipe(
...             lambda df1: pd.DataFrame(
...                 np.tril(df1, k=-1),
...                 columns=df.columns,
...                 index=df.columns,
...             )
...         )
...         .stack()
...         .rename("pearson")
...         .pipe(
...             lambda s: s[
...                 s.abs() > threshold
...             ].reset_index()
...         )
...         .query("level_0 not in level_1")
...     )

>>> correlated_columns(X)
Empty DataFrame
Columns: [level_0, level_1, pearson]
Index: []
```

열을 더 많이 가진 데이터로 상관관계를 파악해 본다.

```
>>> c_df = correlated_columns(agg_df)
>>> c_df.style.format({"pearson": "{:.2f}"})
        level_0       level_1  pearson
3   pclass_mean        pclass     1.00
4   pclass_mean    pclass_min     1.00
5   pclass_mean    pclass_max     1.00
6    sibsp_mean     sibsp_max     0.97
7    parch_mean     parch_min     0.95
8    parch_mean     parch_max     0.96
9     fare_mean          fare     0.95
10    fare_mean      fare_max     0.98
12    body_mean      body_min     1.00
13    body_mean      body_max     1.00
14     sex_male    sex_female    -1.00
15   embarked_S    embarked_C    -0.95
```

6.10 라드비즈

라드비즈RadViz 도표는 각 표본을 원 속에 표현하는데, 원의 둘레 부분에 특징을 표시한다(그림 6-12). 값들은 정규화되어 표현된다. 각 특징마다 표본 값들에 연결된 가상의 실이 있다고 상상해 보자. 그러면 표본들은 값을 기준으로 서로의 특징 방향으로 당겨지는 형태가 된다.

이 도표는 타깃들 사이의 분리 가능성을 시각화하는 한 가지 기법이다.

옐로브릭으로 다음과 같이 라드비즈 도표를 만들 수 있다.

```
>>> from yellowbrick.features import RadViz
>>> fig, ax = plt.subplots(figsize=(6, 6))
>>> rv = RadViz(
...     classes=["died", "survived"],
...     features=X.columns,
... )
```

```
>>> rv.fit(X, y)
>>> _ = rv.transform(X)
>>> rv.poof()
>>> fig.savefig("images/mlpr_0612.png", dpi=300)
```

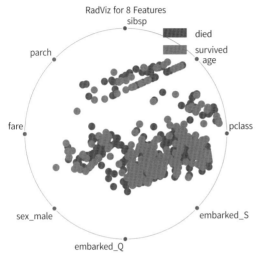

그림 6-12 옐로브릭으로 그린 라드비즈 도표

다음과 같이 pandas 라이브러리로도 라드비즈 도표를 그릴 수 있다(그림 6-13).

```
>>> from pandas.plotting import radviz
>>> fig, ax = plt.subplots(figsize=(6, 6))
>>> new_df = X.copy()
>>> new_df["target"] = y
>>> radviz(
...     new_df, "target", ax=ax, colormap="PiYG"
... )
>>> fig.savefig("images/mlpr_0613.png", dpi=300)
```

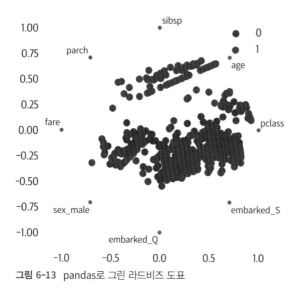

그림 6-13 pandas로 그린 라드비즈 도표

6.11 평행 좌표

다변량 데이터를 다룰 때 평행 좌표parallel coordinates를 사용하면 각 특징 별 타깃에 기여한 값들의 군집을 시각적으로 나타낼 수 있다(그림 6-14, 그림 6-15).

옐로브릭으로 다음과 같이 시각화할 수 있다.

```
>>> from yellowbrick.features import (
...     ParallelCoordinates,
... )
>>> fig, ax = plt.subplots(figsize=(6, 4))
>>> pc = ParallelCoordinates(
...     classes=["died", "survived"],
...     features=X.columns,
... )
>>> pc.fit(X, y)
```

```
>>> pc.transform(X)
>>> ax.set_xticklabels(
...     ax.get_xticklabels(), rotation=45
... )
>>> pc.poof()
>>> fig.savefig("images/mlpr_0614.png", dpi=300)
```

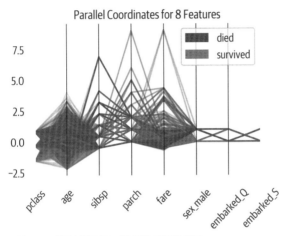

그림 6-14 옐로브릭으로 그린 평행 좌표의 도표

그리고 pandas를 사용하는 방법은 다음과 같다.

```
>>> from pandas.plotting import (
...     parallel_coordinates,
... )
>>> fig, ax = plt.subplots(figsize=(6, 4))
>>> new_df = X.copy()
>>> new_df["target"] = y
>>> parallel_coordinates(
...     new_df,
...     "target",
...     ax=ax,
...     colormap="viridis",
...     alpha=0.5,
```

```
... )
>>> ax.set_xticklabels(
...     ax.get_xticklabels(), rotation=45
... )
>>> fig.savefig(
...     "images/mlpr_0615.png",
...     dpi=300,
...     bbox_inches="tight",
... )
```

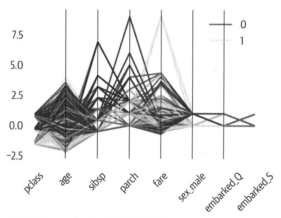

그림 6-15 pandas로 그린 평행 좌표의 도표

CHAPTER

07

데이터 전처리

이 장에서는 다음 데이터를 사용해서 일반적인 전처리 단계를 살펴본다.

```
>>> X2 = pd.DataFrame(
...     {
...         "a": range(5),
...         "b": [-100, -50, 0, 200, 1000],
...     }
... )
>>> X2
   a     b
0  0  -100
1  1   -50
2  2     0
3  3   200
4  4  1000
```

7.1 표준화

서포트 벡터 머신Support Vector Machine, SVM과 같은 일부 알고리즘은 데이터가 **표준화**standardized되었을 때 더 나은 성능을 발휘한다. 각 열에 포함된 값들의 평균을 0, 표준 편차를 1로 만드는 것은 표준화의 한 방식이다. 사이킷런은 이를 위해 .fit과 .transform을 결합한 .fit_transform 메서드를 제공한다.

```
>>> from sklearn import preprocessing
>>> std = preprocessing.StandardScaler()
>>> std.fit_transform(X2)
array([[-1.41421356, -0.75995002],
       [-0.70710678, -0.63737744],
       [ 0.       , -0.51480485],
       [ 0.70710678, -0.02451452],
       [ 1.41421356, 1.93664683]])
```

적합이 끝난 후 다음과 같은 다양한 속성을 살펴볼 수 있다.

```
>>> std.scale_
array([ 1.41421356, 407.92156109])
>>> std.mean_
array([ 2., 210.])
>>> std.var_
array([2.000e+00, 1.664e+05])
```

아래는 pandas를 사용한 경우다. 이 방식으로 전처리를 하려면 원래의 평균과 표준 편차를 추적해야 한다는 것을 기억하자. 나중에 어떤 표본에 대한 예측을 수행할 때 해당 표본은 보존해 둔 평균과 표준 편차를 통해서 표준화되어야만 한다.

```
>>> X_std = (X2 - X2.mean()) / X2.std()
>>> X_std
          a          b
0 -1.264911 -0.679720
1 -0.632456 -0.570088
2  0.000000 -0.460455
3  0.632456 -0.021926
```

```
4    1.264911    1.732190

>>> X_std.mean()
a    4.440892e-17
b    0.000000e+00
dtype: float64

>>> X_std.std()
a    1.0
b    1.0
dtype: float64
```

fastai 라이브러리도 이를 구현하여 제공한다.

```
>>> X3 = X2.copy()
>>> from fastai.structured import scale_vars
>>> scale_vars(X3, mapper=None)
>>> X3.std()
a    1.118034
b    1.118034
dtype: float64
>>> X3.mean()
a    0.000000e+00
b    4.440892e-17
dtype: float64
```

7.2 범위 조정

범위 조정은 데이터를 변환하여 그 값이 0과 1 사이가 되도록 하는 것이다(경곗값 포함). 데이터를 특정 범위 내로 제한하는 것은 유용할 때도있지만, 이상치가 있는 경우에는 조심해야 한다.

```
>>> from sklearn import preprocessing
>>> mms = preprocessing.MinMaxScaler()
>>> mms.fit(X2)
>>> mms.transform(X2)
```

```
array([[0.    , 0.     ],
       [0.25  , 0.04545],
       [0.5   , 0.09091],
       [0.75  , 0.27273],
       [1.    , 1.     ]])
```

pandas를 사용한 방법은 다음과 같다.

```
>>> (X2 - X2.min()) / (X2.max() - X2.min())
      a         b
0  0.00  0.000000
1  0.25  0.045455
2  0.50  0.090909
3  0.75  0.272727
4  1.00  1.000000
```

7.3 더미 변수

pandas를 사용하여 범주형 데이터로부터 더미 변수를 생성할 수 있다.
이 생성 과정을 원-핫 인코딩one-hot encoding 또는 지시자 인코딩indicator
encoding이라고 한다. 더미 변수는 순서를 가지지 않은 범주형 데이터에
서 특히 유용하다. pandas의 get_dummies 함수는 한 범주형 열로 표
현 가능한 모든 범주 각각에 대한 새로운 열을 생성한다. 이때 생성된
열들에 대해서 원본 데이터가 존재했던 부분만 1 값으로 채워지고 나머
지는 0으로 남겨진다.

```
>>> X_cat = pd.DataFrame(
...     {
...         "name": ["George", "Paul"],
...         "inst": ["Bass", "Guitar"],
...     }
... )
```

```
>>> X_cat
     name      inst
0  George      Bass
1    Paul    Guitar
```

다음은 pandas를 사용한 경우를 보여 준다. 더미 변수 생성 후 각 원본 열의 첫 번째 범주에 해당하는 열을 제거하는 데 drop_first 파라미터가 사용되었다(더미 열 중 하나는 다른 열들의 선형적인 조합이다).

```
>>> pd.get_dummies(X_cat, drop_first=True)
   name_Paul   inst_Guitar
0          0             0
1          1             1
```

pyjanitor 라이브러리의 expand_column 함수도 범주형 열을 여러 열로 분리하는 기능을 가진다.

```
>>> X_cat2 = pd.DataFrame(
...     {
...         "A": [1, None, 3],
...         "names": [
...             "Fred,George",
...             "George",
...             "John,Paul",
...         ],
...     }
... )
>>> jn.expand_column(X_cat2, "names", sep=",")
     A         names  Fred  George  John  Paul
0  1.0   Fred,George     1       1     0     0
1  NaN        George     0       1     0     0
2  3.0     John,Paul     0       0     1     1
```

고차 카디널리티의 범주형 데이터가 있다면, 이때는 **레이블 인코딩**label encoding 기법을 사용할 수 있다. 다음 절에서 이 기법을 다룬다.

7.4 레이블 인코더

레이블 인코딩은 또 다른 더미 변수 인코딩 방법이다. 고차 카디널리티 데이터에 유용한 이 방법은 범주형 데이터의 각 값에 숫자를 부여한다. 원하지 않는 상황일 수도 있지만, 레이블 인코더는 해당 범주형 데이터가 순서적 특성을 가지게끔 만든다. 원-핫 인코딩 방식보다 적은 공간을 차지하는 장점이 있지만, 트리와 같은 일부 알고리즘만 이 방식으로 인코딩된 데이터를 처리할 수 있다.

레이블 인코더는 한 번에 하나의 열만을 인코딩 처리할 수 있다.

```
>>> from sklearn import preprocessing
>>> lab = preprocessing.LabelEncoder()
>>> lab.fit_transform(X_cat['inst'])
array([0,1])
```

이미 인코딩된 값은 .inverse_transform 메서드로 디코딩하여 원복될 수 있다.

```
>>> lab.inverse_transform([1, 1, 0])
array(['Guitar', 'Guitar', 'Bass'], dtype=object)
```

pandas로 레이블 인코딩을 하려면, 두 단계를 거쳐야만 한다. 우선 원하는 열을 범주형으로 바꾼다. 그다음은 해당 범주형 열로부터 숫자 코드를 추출한다.

아래 코드는 문자열을 담은 Series로부터 수치형 데이터로 구성된 새로운 Series를 생성한다. .as_ordered 메서드로 범주가 순서적으로 구성되었는지를 확인할 수 있다.

```
>>> X_cat.name.astype(
...     "category"
... ).cat.as_ordered().cat.codes + 1
0    1
1    2
dtype: int8
```

7.5 프리퀀시 인코딩

고차 카디널리티를 가진 범주형 데이터를 다루는 또 다른 방법은 **프리퀀시 인코딩**frequency encoding을 사용하는 것이다. 이 방법은 학습용 데이터셋에서 각 범주 이름을 가진 값의 숫자를 세고, 각 범주 이름을 해당 개수로 대체한다. 여기서는 pandas를 사용해서 프리퀀시 인코딩하는 법을 보인다. 그러려면 우선 pandas의 .value_counts 메서드를 사용해서 매핑정보를 생성해야 한다(문자열과 개수를 매핑한 pandas의 Series). 이 매핑 정보와 함께 .map 메서드를 사용하면 프리퀀시 인코딩을 수행할 수 있다.

```
>>> mapping = X_cat.name.value_counts()
>>> X_cat.name.map(mapping)
0    1
1    1
Name: name, dtype: int64
```

학습 시 사용한 매핑 정보를 따로 보관해 둔 다음, 이를 미래의 데이터에 활용해야 함을 기억해 두자.

7.6 문자열에서 범주 가져오기

타이타닉 모델의 정확도를 높이는 한 가지 방법은 이름을 부를 때 붙이는 호칭을 따로 뽑아내는 것이다. 일단 이름의 처음 3개 문자에 대해 Counter 클래스를 적용하여 가장 많이 나타난 호칭을 확인한다.

```
>>> from collections import Counter
>>> c = Counter()
>>> def triples(val):
...     for i in range(len(val)):
...         c[val[i : i + 3]] += 1
>>> df.name.apply(triples)
>>> c.most_common(10)
[(', M', 1282),
 (' Mr', 954),
 ('r. ', 830),
 ('Mr.', 757),
 ('s. ', 460),
 ('n, ', 320),
 (' Mi', 283),
 ('iss', 261),
 ('ss.', 261),
 ('Mis', 260)]
```

이를 통해서 'Mr.'와 'Miss.'가 매우 흔하다는 것을 알 수 있다.

또는 정규 표현식을 사용하여 마침표 좌측 문자열에서, 첫 문자가 대문자인 부분부터 마침표가 나타날 때까지의 문자들을 추출하는 방법이 있다.

```
>>> df.name.str.extract(
...     "([A-Za-z]+)\.", expand=False
... ).head()
0      Miss
1    Master
2      Miss
3        Mr
4       Mrs
Name: name, dtype: object
```

.value_counts를 사용하면 각 호칭에 대한 빈도를 확인할 수 있다.

```
>>> df.name.str.extract(
...     "([A-Za-z]+)\.", expand=False
... ).value_counts()
```

```
Mr           757
Miss         260
Mrs          197
Master        61
Dr             8
Rev            8
Col            4
Mlle           2
Ms             2
Major          2
Dona           1
Don            1
Lady           1
Countess       1
Capt           1
Sir            1
Mme            1
Jonkheer       1
Name: name, dtype: int64
```

> 정규 표현식의 전체적인 내용을 다루는 것은 이 책의 범위를 벗어난다. 다만
> 앞선 예에서 사용한 표현식은 하나 이상의 알파벳 문자 그룹을 포착하는데,
> 이 문자 그룹은 마지막에 마침표가 있어야 한다는 규칙에 대한 것이다.

이러한 조작에 추가적으로 더미 변수를 만들거나 개수가 낮은 열을 다른 범주로 결합(또는 삭제)하는 방법도 있다.

7.7 그 밖의 범주형 인코딩

category_encoding 라이브러리[1]는 범주형 데이터를 수치형 데이터로 바꾸는 사이킷런을 위한 여러 변환기transformer를 제공한다. 이 라이브러리의 좋은 점은 pandas의 DataFrames으로의 출력을 지원한다는 점이다(사이킷런의 경우 변환 결과가 numpy 배열로 출력된다).

---

1   https://oreil.ly/JbxWG

라이브러리에 구현된 알고리즘 중 하나로 해시hash 인코더가 있다. 앞으로 얼마나 많은 범주가 생길지 모르는 상황이나 텍스트 표현에 단어 뭉치bag of words를 사용하는 경우 유용한 알고리즘이다. 범주형 열들을 파라미터에 명시된 n_components개의 요소로 해싱한다. 모델이 갱신될 수 있는 온라인 학습의 경우에 매우 유용할 수 있다.

```
>>> import category_encoders as ce
>>> he = ce.HashingEncoder(verbose=1)
>>> he.fit_transform(X_cat)
   col_0 col_1 col_2 col_3 col_4 col_5 col_6 col_7
0      0     0     0     1     0     1     0     0
1      0     2     0     0     0     0     0     0
```

순서형 인코더인 OrdinalEncoder는 순서를 가진 여러 범주형 열을 하나의 수치형 열로 변환할 수 있다. 다음 코드는 size 열을 순서형 숫자로 바꾸는 방법을 보여 준다. 매핑 테이블에 없는 값은 –1이 기본으로 할당된다.

```
>>> size_df = pd.DataFrame(
...     {
...         "name": ["Fred", "John", "Matt"],
...         "size": ["small", "med", "xxl"],
...     }
... )
>>> ore = ce.OrdinalEncoder(
...     mapping=[
...         {
...             "col": "size",
...             "mapping": {
...                 "small": 1,
...                 "med": 2,
...                 "lg": 3,
...             },
...         }
...     ]
... )
```

```
>>> ore.fit_transform(size_df)
   name  size
0  Fred   1.0
1  John   2.0
2  Matt  -1.0
```

UCLA에서 제공하는 범주형 변수의 인코딩 방식을 비교한 문서[2]는 categorical_encoding 라이브러리에 포함된 여러 알고리즘의 작동 방식을 소개한다.

고차 카디널리티 데이터(고유값을 많이 포함)가 있다면 범주형 열마다 하나의 열을 출력하는 베이지안 인코더 중 하나를 선택하여 사용하는 것을 고려하자. 베이지안 인코더의 종류에는 TargetEncoder, LeaveOneOutEncoder, WOEEncoder, JamesSteinEncoder, MEstimate Encoder가 있다.

가령 타이타닉 데이터의 survival 열을 타깃의 사후 확률$_{posterior}$ $_{probability}$과 호칭(범주형)에 대한 사전 확률$_{prior\ probability}$의 조합으로 바꾸려면 다음의 코드를 사용할 수 있다.

```
>>> def get_title(df):
...     return df.name.str.extract(
...         "([A-Za-z]+)\.", expand=False
... )
>>> te = ce.TargetEncoder(cols="Title")
>>> te.fit_transform(
...     df.assign(Title=get_title), df.survived
... )["Title"].head()
0    0.676923
1    0.508197
2    0.676923
3    0.162483
```

---

2   https://oreil.ly/JUtYh

```
4    0.786802
Name: Title, dtype: float64
```

7.8 날짜형 데이터의 특징 공학

fastai 라이브러리의 add_datepart 함수[3]는 datetime 자료형 열을 기반
으로 날짜 속성을 가진 새로운 열들을 생성한다. 대부분의 머신러닝 알
고리즘은 숫자로 표현된 날짜로부터 이러한 종류의 신호를 추론하지 못
하기 때문에 이 기능은 매우 유용하다.

```
>>> from fastai.tabular.transform import (
...     add_datepart,
... )
>>> dates = pd.DataFrame(
...     {
...         "A": pd.to_datetime(
...             ["9/17/2001", "Jan 1, 2002"]
...         )
...     }
... )

>>> add_datepart(dates, "A")
>>> dates.T
                        0          1
AYear               2001       2002
AMonth                 9          1
AWeek                 38          1
ADay                  17          1
ADayofweek             0          1
ADayofyear           260          1
AIs_month_end      False      False
AIs_month_start    False       True
AIs_quarter_end    False      False
```

---

3 [옮긴이] 해당 라이브러리는 fastai의 버전 0.7에서만 정상 동작하였다. 하지만 0.7 버전과 다른 라이브러리
간 버전 호환이 어려워 직접 add_datepart 함수 구현체를 끌어다 쓸 것을 권장한다. 해당 함수 구현체는
제공되는 Colab 노트북에 포함되어 있다.

```
AIs_quarter_start          False        True
AIs_year_end               False        False
AIs_year_start             False        True
AElapsed               1000684800   1009843200
```

주의사항

add_datepart는 DataFrame을 변형한다. pandas도 DataFrame을 변형할 수 있지만, 보통 직접적인 변형이 아니라 변형된 DataFrame을 반환한다. 따라서 이 점을 유의하는 것이 좋다.

7.9 col_na 특징의 추가

fastai 라이브러리는 누락된 값을 채워 넣고 어디에 누락된 값이 발생했는지 표시하는 열을 생성하는 함수를 제공했었다(지금은 없다). 누락된 값이 있었다는 것을 아는 것은 좋은 신호로서 사용될 수도 있다. 다음은 해당 함수의 구현과 이를 활용한 예를 보여 준다.

```
>>> from pandas.api.types import is_numeric_dtype
>>> def fix_missing(df, col, name, na_dict):
...     if is_numeric_dtype(col):
...         if pd.isnull(col).sum() or (name in na_dict
...         ):
...             df[name + "_na"] = pd.isnull(col)
...             filler = (
...                 na_dict[name]
...                 if name in na_dict
...                 else col.median()
...             )
...             df[name] = col.fillna(filler)
...             na_dict[name] = filler
...         return na_dict
>>> data = pd.DataFrame({"A": [0, None, 5, 100]})
>>> fix_missing(data, data.A, "A", {})
{'A': 5.0}
>>> data
```

```
        A   A_na
0     0.0  False
1     5.0   True
2     5.0  False
3   100.0  False
```

다음은 pandas를 사용한 경우다.

```
>>> data = pd.DataFrame({"A": [0, None, 5, 100]})
>>> data["A_na"] = data.A.isnull()
>>> data["A"] = data.A.fillna(data.A.median())
```

7.10 수동적 특징 공학

새로운 특징 생성에 pandas를 사용할 수 있다. 타이타닉 데이터셋을 예로 들면, cabin 열의 데이터를 선실(cabin)별 최대 나이, 선실별 최소 나이 등으로 종합한 열을 추가할 수 있다. 즉, 선실별로 데이터를 종합한 다음, 이를 다시 원본 데이터에 병합하는 것이 목적이다. 종합된 데이터는 pandas의 .groupby 메서드로 생성될 수 있다. 그다음 .merge 메서드로 원본 데이터에 맞춰 정렬하여 병합이 가능하다.

```
>>> agg = (
...     df.groupby("cabin")
...     .agg("min,max,mean,sum".split(","))
...     .reset_index()
... )
>>> agg.columns = [
...     "_".join(c).strip("_")
...     for c in agg.columns.values
... ]
>>> agg_df = df.merge(agg, on="cabin")
```

'좋은' 또는 '나쁜' 열을 요약하고 싶다면 종합된 열(또는 다른 수학적 연산)을 요약하는 새로운 열을 생성할 수 있다. 이는 데이터를 충분히 이해하고 있어야만 가능한 일종의 예술이라고 볼 수도 있는 작업이다.

CHAPTER

08

특징의 선택

모델에 유용한 특징은 특징 선택feature selection 기법으로 선별될 수 있다. 관련이 없는 특징은 모델에 부정적인 영향을 미칠지도 모르며, 상관관계가 있는 특징은 회귀 계수(또는 트리 모델의 특징 중요도)를 불안정하거나 해석이 어렵게 만들 수 있다.

차원의 저주curse of dimensionality는 고려되어야 할 또 다른 문제다. 차원을 증가시키면 증가시킬수록 데이터의 밀도는 점점 더 희박해지며, 근접 계산neighbor calculation은 그 유용성을 상실하게 된다. 따라서 밀도의 빈 공간을 채워 넣기 위해서는 더 많은 데이터가 필요하고, 만약 충분한 데이터가 없다면 데이터로부터 신호signal을 끄집어내기가 어려워진다.

또한 학습 시간은 보통 열의 개수에 따라 선형적으로 증가한다(때로는 선형보다 나쁘기도 하다). 데이터 열이 간결하고 정확할 수 있다면 비교적 짧은 시간 내에 더 나은 모델을 얻는 것도 가능하다. 우리는 앞서 만든 agg_df 데이터셋을 사용한 몇 가지 예를 다룬다. 이 데이터셋은 기본적으로 타이타닉 데이터셋이며, 여기에 선실cabin 정보에 대한 몇 가지 열이 추가된 것임을 떠올리자. 이 데이터셋은 각 수식에 대한 수치형 값을 취합하기 때문에 여러 상관관계가 드러날 것이다. 또 다른 방법으로는 PCA를 포함하거나 트리 분류기의 .feature_importances_를 살펴보는 것이 있다.

8.1 공선성을 가진 열

앞서 정의한 correlated_columns 함수를 사용하거나 다음 코드를 실행하면 상관계수가 0.95 이상인 열을 찾을 수 있다.

```
>>> threshold = 0.95
>>> corr = agg_df.corr()
>>> mask = np.triu(
...     np.ones(corr.shape), k=1
... ).astype(bool)
>>> corr_no_diag = corr.where(mask)
>>> coll = [
...     c
...     for c in corr_no_diag.columns
...     if any(abs(corr_no_diag[c]) > threshold)
... ]
>>> coll
['pclass_min', 'pclass_max', 'pclass_mean',
 'sibsp_mean', 'parch_mean', 'fare_mean',
 'body_max', 'body_mean', 'sex_male', 'embarked_S']
```

이전에 사용했던 옐로브릭의 Rank2 시각화를 사용하여 상관관계에 대한 히트맵 도표를 그려본다.

rfpimp 패키지[1]에는 **다중공선성**multicollinearity를 시각화하는 도구가 포함되어 있다. plot_dependence_heatmap 함수는 학습용 데이터셋에 포함된 다른 열들로부터 수치형 열에 대한 랜덤 포레스트를 학습시킨다. 이때 의존

---

1   https://oreil.ly/MsnXc

값(평가 지표)은 해당 열에 대한 $OOB_{Out-Of-Bag}$[2]의 R2 스코어다(그림 8-1).

이 도표를 사용하는 방법은 1에 가까운 값을 찾는 것이다. x축의 레이블은 y축의 레이블을 예측하는 특징이다. 특정 특징이 다른 것을 예측해 낼 수 있는 경우 예측 대상(y축에 나타난 특징)을 제거할 수 있다. 다음의 예제를 예로 들면, fare는 pclass, sibsp, parch, emarked_Q를 예측해 낼 수 있기 때문에 fare는 유지하되 나머지는 제거하더라도 유사한 성능을 얻을 수 있다는 것이다.

```
>>> rfpimp.plot_dependence_heatmap(
...     rfpimp.feature_dependence_matrix(X_train),
...     value_fontsize=12,
...     label_fontsize=14,
...     figsize=(8, 8),sn
... )
>>> fig = plt.gcf()
>>> fig.savefig(
...     "images/mlpr_0801.png",
...     dpi=300,
...     bbox_inches="tight",
... )
```

---

2   옮긴이 랜덤 포레스트를 구성하는 각 디시전 트리는 각각 전체 학습 데이터셋의 일부로 학습된다. 그러면 학습에 사용되지 않는 영역이 생기는데, 해당 영역을 각 디시전 트리의 검증용 데이터셋으로 활용하는 방법이 OOB라고 볼 수 있다. 즉 Bag은 실제 학습에 사용된 데이터 '가방'이며, 그 가방의 범위 밖을 Out-Of-Bag이라고 의미한다고 이해할 수 있다.

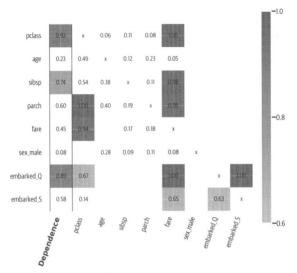

그림 8-1 의존 값에 대한 히트맵. pclass, sibsp, parch, embarked_Q는 fare가 예측해 낼 수 있기 때문에 제거 가능한 특징이다.

다음 코드는 해당 특징을 제거해도 유사한 수준의 R2 스코어를 얻을 수 있다는 사실을 보여 준다.

```
>>> cols_to_remove = [
...     "pclass",
...     "sibsp",
...     "parch",
...     "embarked_Q",
... ]
>>> rf3 = RandomForestClassifier(random_state=42)
>>> rf3.fit(
...     X_train[
...         [
...             c
...             for c in X_train.columns
...             if c not in cols_to_remove
...         ]
...     ],
```

```
...     y_train,
... )
>>> rf3.score(
...     X_test[
...         [
...             c
...             for c in X_train.columns
...             if c not in cols_to_remove
...         ]
...     ],
...     y_test,
... )
0.7684478371501272

>>> rf4 = RandomForestClassifier(random_state=42)
>>> rf4.fit(X_train, y_train)
>>> rf4.score(X_test, y_test)
0.7659033078880407
```

8.2 라소 회귀

라소 회귀를 사용하는 경우 정규화 파라미터로서 alpha 값을 설정할
수 있다. 이 값을 늘리면 덜 중요한 특징의 가중치를 줄여 준다. 다음은
LassoLarsCV 모델을 사용하여 다양한 alpha 값에 대해 반복적으로 실험
을 수행한 뒤 그에 따른 특징의 계수 변화를 추적하여 보여 준다(그림 8-2).

```
>>> from sklearn import linear_model
>>> model = linear_model.LassoLarsCV(
...     cv=10, max_n_alphas=10
... ).fit(X_train, y_train)
>>> fig, ax = plt.subplots(figsize=(12, 8))
>>> cm = iter(
...     plt.get_cmap("tab20")(
...         np.linspace(0, 1, X.shape[1])
...     )
... )
>>> for i in range(X.shape[1]):
```

```
...     c = next(cm)
...     ax.plot(
...         model.alphas_,
...         model.coef_path_.T[:, i],
...         c=c,
...         alpha=0.8,
...         label=X.columns[i],
... )
>>> ax.axvline(
...     model.alpha_,
...     linestyle="-",
...     c="k",
...     label="alphaCV",
... )
>>> plt.ylabel("Regression Coefficients")
>>> ax.legend(X.columns, bbox_to_anchor=(1, 1))
>>> plt.xlabel("alpha")
>>> plt.title(
...     "Regression Coefficients Progression for Lasso Paths"
... )
>>> fig.savefig(
...     "images/mlpr_0802.png",
...     dpi=300,
...     bbox_inches="tight",
... )
```

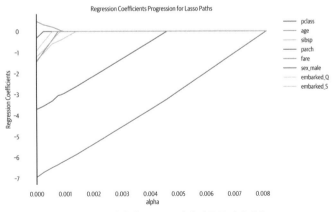

그림 8-2 라소 회귀 동안 변화하는 alpha 값에 따른 특징의 계수

8.3 재귀적 특징 제거

재귀적 특징recursive feature 제거는 가장 영향력이 약한 특징을 제거한 다음 모델을 학습시킨다(그림 8-3). 재귀적 특징 제거는 내부적으로 사이킷런 모델에 .coef_ 또는 .feature_importances_ 속성이 전달되어 수행된다.[3]

```
>>> from yellowbrick.features import RFECV
>>> fig, ax = plt.subplots(figsize=(6, 4))
>>> rfe = RFECV(
...     ensemble.RandomForestClassifier(
...         n_estimators=100
...     ),
...     cv=5,
... )
>>> rfe.fit(X, y)

>>> rfe.rfe_estimator_.ranking_
array([1, 1, 2, 3, 1, 1, 5, 4])

>>> rfe.rfe_estimator_.n_features_
4

>>> rfe.rfe_estimator_.support_
array([ True, True, False, False, True, True, False, False])

>>> rfe.poof()
>>> fig.savefig("images/mlpr_0803.png", dpi=300)
```

---

3   옮긴이 초기 학습 후 특징 중요도에 의해 가장 낮은 중요도를 가진 특징이 제거된다. 이후 제거된 특징 집합으로 다시 학습이 수행되고, 그중에서 가장 낮은 중요도를 가진 특징이 제거되는 과정이 원하는 특징 수에 도달할 때까지 재귀적으로 일어난다.

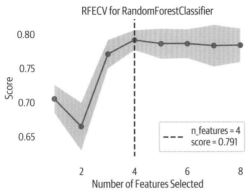

그림 8-3 재귀적 특징 제거

다음은 가장 중요한 특징 10개를 찾아내기 위해서 사용된 재귀적 특징 제거를 보여 준다. (이 집계된 데이터셋에서 survival 열이 누수된 사실을 발견하였다.)

```
>>> from sklearn.feature_selection import RFE
>>> model = ensemble.RandomForestClassifier(
...     n_estimators=100
... )
>>> rfe = RFE(model, 4)
>>> rfe.fit(X, y)
>>> agg_X.columns[rfe.support_]
Index(['pclass', 'age', 'fare', 'sex_male'], dtype='object')
```

8.4 상호 정보량

사이킷런은 특징과 타깃 사이의 **상호 정보량**mutual information을 결정하기 위해 k-최근접 이웃 알고리즘을 사용하는 비모수 검정nonparametric test 방법을 제공한다. 상호 정보량은 다른 변수를 관찰하여 얻은 정보의 양을 0 이상의 값으로 계량한다. 값이 0보다 크다면 해당 변수(특징)와 타깃 사이에 상관관계가 없다는 것을 뜻한다(그림 8-4). 특징과 타깃 사이에 공유된 **정도**bits의 양을 나타내는 이 값에는 경계 지점이 없다.

```
>>> from sklearn import feature_selection

>>> mic = feature_selection.mutual_info_classif(
...     X, y
... )
>>> fig, ax = plt.subplots(figsize=(10, 8))
>>> (
...     pd.DataFrame(
...         {"feature": X.columns, "vimp": mic}
...     )
...     .set_index("feature")
...     .plot.barh(ax=ax)
... )
>>> fig.savefig("images/mlpr_0804.png")
```

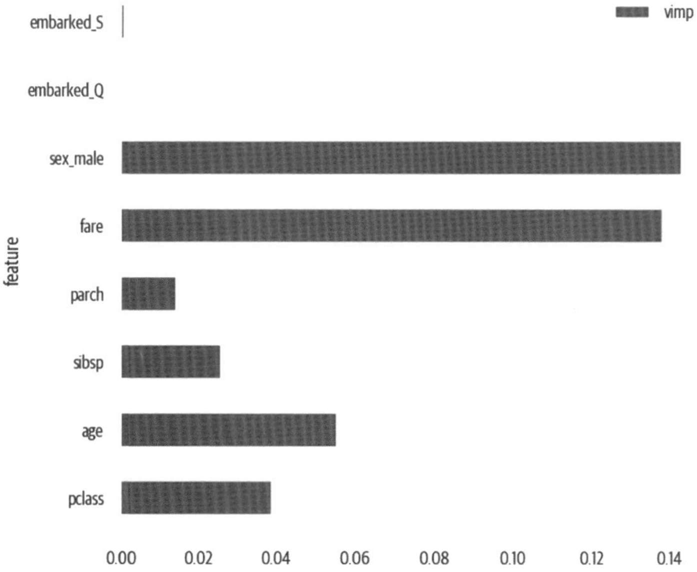

그림 8-4 상호 정보량 도표

8.5 주성분 분석

특징을 선택하는 또 다른 방법은 주성분 분석principal component analysis을 수행하는 것이다. 주요 주성분이 만들어지고 나면 가장 기여도가 높은 특징을 조사해 볼 수 있다. 이러한 특징은 더 큰 분산을 가진다. 주성분 분석 알고리즘은 비지도학습의 일종으로 종속 변수인 y를 고려하지 않는다는 점에 유의하자.

보다 자세한 내용은 250페이지의 '17.1 PCA'를 참고하기 바란다.

8.6 특징 중요도

대부분의 트리 기반 모델은 학습이 끝난 다음 `.feature_importances_` 라는 속성의 접근을 허용한다. 중요도가 높은 특징일수록 해당 특징이 모델에서 제거되었을 때 더 높은 오차가 생긴다는 것을 의미한다. 보다 자세한 내용은 다양한 트리 모델을 다루는 10장을 참고하기 바란다.

CHAPTER

09

불균형 범주의 문제

데이터 분류 작업을 할 때 범주 간 데이터의 양에 불균형이 있다면 양이 많은 범주에 대하여 모델이 편향될 가능성이 있다. 가령 1개의 양성, 99개의 음성 사례를 가진 데이터셋을 가졌다면 단순히 모든 것을 음성이라고 분류해도 99%의 정확도를 얻을 수 있는 것이다. **불균형 범주** imbalanced classes의 문제는 다양한 방식으로 다뤄질 수 있다.

9.1 다른 평가 지표 사용하기

모델 교정에 정확도 외의 지표를 사용하는 것이 한 가지 힌트가 될 수 있다(AUC가 한 가지 좋은 옵션이 될 수 있다). 정밀도precision와 재현율recall 또한 좋은 선택이 될 수 있지만, 그 외에도 다양한 옵션이 있다.

9.2 트리 기반 알고리즘과 앙상블

트리 기반의 모델은 소규모 범주 분포에 따라 더 좋은 성능을 보일 수도 있다. 클러스터링되는 경향이 있다면 더 쉽게 분류가 가능하다.

앙상블은 수가 적은 범주에 대한 능력을 보다 끌어낼 수 있는 방법이다. 트리 기반 모델에서는 랜덤 포레스트 및 익스트림 그래디언트 부스팅(XGBoost)과 같은 배깅과 부스팅 같은 앙상블 기법을 찾아볼 수 있다.

9.3 모델에 페널티 부과하기

사이킷런이 제공하는 여러 분류 모델은 class_weight라는 파라미터를 지원한다. 이 값을 'balanced'로 설정하면 적은 양의 데이터를 가진 소수 집단의 범주들을 정규화하여 모델이 해당 범주들을 올바르게 분류할 수 있도록 유도한다. 또는 격자 탐색에 가중치 옵션을 지정하고, 각 범주별 가중치에 대한 딕셔너리 정보를 넘겨주는 것도 가능하다(데이터가 적은 범주일수록 높은 가중치를 부여하라).

XGBoost 라이브러리[1]에는 max_delta_steps 파라미터가 있는데, 이 값을 1부터 10까지의 범위로 설정하여 갱신 단계를 보다 보수적으로 만들수 있다. 그리고 또 다른 scale_pos_weight 파라미터를 설정하면 음성대 양성 샘플의 비율을 설정할 수도 있다(이진 분류의 경우). 또한 eval_metric은 분류에서 디폴트로 설정된 'error' 대신 'auc'로 설정되어야만 한다.

KNN 모델에는 더 가까운 이웃에 편향되도록 만들어 주는 weights 파라미터가 있다. 데이터의 대다수를 차지하는 범주가 서로 가까이 뭉쳐있을 때 이 파라미터 값을 'distance'로 설정하면 성능이 향상될 수도있다.

---

[1] https://xgboost.readthedocs.io/

9.4 소수집단 데이터 업샘플링하기

소수집단 범주의 데이터를 업샘플링할 수 있는 두 가지 방법이 있다. 그 중 하나는 사이킷런을 사용하는 것으로 아래와 같이 구현된다.

```
>>> from sklearn.utils import resample
>>> mask = df.survived == 1
>>> surv_df = df[mask]
>>> death_df = df[~mask]
>>> df_upsample = resample(
...     surv_df,
...     replace=True,
...     n_samples=len(death_df),
...     random_state=42,
... )
>>> df2 = pd.concat([death_df, df_upsample])

>>> df2.survived.value_counts()
1    809
0    809
Name: survived, dtype: int64
```

또는 imbalanced-learn 라이브러리를 사용하여 무작위로 생성되는 샘플로 업샘플링을 할 수도 있다.

```
>>> from imblearn.over_sampling import (
...     RandomOverSampler,
... )
>>> ros = RandomOverSampler(random_state=42)
>>> X_ros, y_ros = ros.fit_sample(X, y)
>>> pd.Series(y_ros).value_counts()
1    809
0    809
dtype: int64
```

9.5 소수집단 데이터 생성하기

imbalanced-learn 라이브러리는 SMOTE~Synthetic Minority Oversampling~ ~Technique~ 및 ADASYN~Adaptive Syntetic~ 샘플링 알고리즘을 사용하여 소수집단 범주에 대한 새로운 샘플을 생성한다. SMOTE는 k-최근접 이웃에서 하나의 점을 선택하고 그로부터 각 데이터를 관통하는 선을 그은 뒤 각 선상에 존재할 수 있는 데이터를 생성하는 기법이다. ADASYN은 SMOTE와 유사하지만 보다 학습이 어려운 데이터로부터 더 많은 샘플을 생성한다. 각 알고리즘은 imbalanced-learn 라이브러리에서 각각 over_sampling.SMOTE 및 over_sampling.ADASYN라는 클래스로 정의되어 있다.

9.6 과반수집단 데이터를 다운샘플링하기

범주 간의 균형을 맞추는 또 다른 방식은 과반수집단 범주의 데이터를 다운샘플링하는 것이다. 다음은 사이킷런을 사용한 방법이다.

```
>>> from sklearn.utils import resample
>>> mask = df.survived == 1
>>> surv_df = df[mask]
>>> death_df = df[~mask]
>>> df_downsample = resample(
...     death_df,
...     replace=False,
...     n_samples=len(surv_df),
...     random_state=42,
... )
>>> df3 = pd.concat([surv_df, df_downsample])

>>> df3.survived.value_counts()
1    500
0    500
Name: survived, dtype: int64
```

유용한정보

다운샘플링에는 복원 추출을 사용하지 말자.

imbalanced-learn 라이브러리는 다음의 다양한 다운샘플링 알고리즘을 구현한다.

ClusterCentroids
K-평균 알고리즘을 사용하여 클러스터 중심 지점의 데이터를 합성하는 클래스

RandomUnderSampler
무작위로 샘플을 선택하는 클래스

NearMiss
최근접 이웃을 사용하여 다운샘플링하는 클래스

TomekLink
서로 인접한 샘플을 제거하여 다운샘플링하는 클래스

EditedNearestNeighbours
특정 표본이 근접한 과반수 또는 모든 이웃의 범주와 다른 경우 해당 표본을 제거하는 클래스

RepeatedNearestNeighbours
EditedNearestNeighbours를 반복적으로 호출하는 클래스

AllKNN
유사하지만, 다운샘플링을 반복하는 동안 최근접 이웃의 수를 증가시키는 점이 다른 클래스

CondensedNearestNeighbour
다운샘플링될 범주의 샘플 하나를 선택한 다음, 해당 범주에 속한 다른 샘플들을 반복적으로 접근하여 KNN이 분류를 올바르게 수행하는 경우 해당 샘플을 추가하는 클래스

OneSidedSelection

노이즈한 샘플을 제거하는 클래스

NeighbourhoodCleaningRule

EditedNearestNeighbours 결과에 KNN을 적용하는 클래스

InstanceHardnessThreshold

모델을 학습시킨 다음 낮은 확률의 샘플을 제거하는 클래스

이 종류의 모든 클래스는 .fit_sample 메서드를 지원한다.

9.7 업샘플링 후 다운샘플링하기

imbalanced-learn 라이브러리는 SMOTEENN과 SMOTE Tomek을 구현하는데, 이 둘 모두 업샘플링을 수행한 후 다운샘플링을 이어서 처리하는 방법이다.

CHAPTER

10

분류

분류란 특징에 기반해 표본을 레이블링하는 **지도학습**supervised learning 메커니즘이다.[1] 따라서 데이터셋은 학습할 레이블을 갖추어야 한다.

이 장에서는 다양한 분류 모델을 살펴본다. 그중에는 사이킷런이 구현한 일반적으로 사용되는 여러 유용한 모델과, 사이킷런에는 포함되지 않았지만 사이킷런 API 규격을 따르는 다른 구현 사례도 살펴본다. 이들 모두가 같은 규격을 따르기 때문에 다른 종류의 모델이라도 같은 방식으로 사용이 가능하여 서로 성능을 쉽게 비교할 수 있다.

사이킷런에서는 모델을 만든 다음, 해당 모델을 데이터 및 레이블에 대해 학습시킬 때 .fit이라는 메서드를 호출한다. 그다음 .predict 메서드 (또는 .predict_proba나 .predict_log_proba 메서드)를 호출하여 학습된 모델로 예측을 수행한다. 모델을 검증할 때는 .score 메서드가 사용되며, 이때는 테스트용 데이터 및 레이블을 해당 메서드로 제공해야만 한다.

1 　**옮긴이** 비지도학습을 이용한 분류 방법도 존재한다. 다만 이 장에서는 지도학습 기반의 분류에 중점을 둔다.

모델의 학습과 예측보다 더 어려운 작업은 데이터를 사이킷런에서 작동 가능한 형태로 만들어 주는 것이다. 데이터(X)는 (m × n) 형식의 numpy 배열이나 pandas의 DataFrame이 되어야 한다. 여기서 m은 표본 데이터 행의 개수, n은 특징(열)의 개수를 의미한다. 레이블(y)은 각 표본에 대한 값(범주)으로 구성된 크기 m의 벡터 또는 pandas의 Series다.

.score 메서드는 평균 정확도를 반환하는데, 이 값만으로는 분류 모델의 검증을 충분히 할 수 없을지도 모른다. 이 장에서는 정확도 외의 다른 평가 지표도 함께 살펴본다.

여러 모델의 개념을 살펴보고 각각의 효율성, 요구되는 전처리 기법, 과적합을 방지하는 방법을 알아본다. 그리고 각 모델의 결과를 직관적으로 해석 가능한지도 알아볼 것이다.

사이킷런이 제공하는 모델은 다음과 같은 공통 메서드를 구현한다.

fit(X, y[, sample_weight])
　　모델을 학습시키는 메서드

predict(X)
　　샘플별 예측된 범주를 반환하는 메서드

predict_log_proba(X)
　　샘플별 모든 범주에 대한 로그 확률을 반환하는 메서드

predict_proba(X)
　　샘플별 모든 범주에 대한 확률을 반환하는 메서드

score(X, y[, sample_weight])
　　평균 정확도를 반환하는 메서드

10.1 로지스틱 회귀

로지스틱 회귀logistic regression는 로지스틱 함수를 사용해서 확률을 추정한다. 이름에 회귀라는 단어가 포함되어 있지만 분류 문제에서 사용된다는 것에 주의하자. 지금까지 대부분의 과학에서 다뤄진 분류 문제에서 표준적인 모델로 사용되어 왔다.

다음은 각 모델에 포함시킬 특성에 대한 것이다.

런타임 효율성

solver[2]에 'liblinear'를 설정하지 않는 경우 n_jobs 파라미터를 사용할 수 있다. n_jobs은 지정된 숫자만큼의 CPU 코어로 작업을 할당하여 병렬로 처리되게끔 한다. 모든 코어를 활용하고 싶다면 이 값을 -1로 설정한다.

데이터 전처리

solver가 'sag' 또는 'saga'로 설정된 경우 더 빠른 수렴을 원한다면 데이터를 표준화해야 한다. 이렇게 설정된 solver는 희소 데이터도 다룰 수 있다.

과적합 방지

C는 정규화를 제어하는 파라미터다(이 값이 낮을수록 더 많은 정규화를, 클수록 더 적은 정규화가 적용된다). 이와 함께 penalty 파라미터의 값을 'l1' 또는 'l2'(디폴트)로 설정할 수 있다.

결과의 해석

적합된 모델의 결정 함수의 계수는 .coef_ 속성에 들어 있다. 한 단위만큼 X를 바꾸면 로그 오즈[3] 비(log odds ratio)가 계수만큼 바뀐다. .intercept_ 속성은 기준치[4]에 대한 역 로그 오즈를 보여 준다.

---

2   옮긴이 사이킷런에 자주 등장하는 용어로, 최적화에 사용되는 알고리즘을 선택하는 파라미터의 이름이다.

3   옮긴이 로그 오즈는 로짓이라고도 한다.

4   옮긴이 로지스틱 회귀 함수의 모양을 보면, 특정 위치를 기준으로 좌/우로 갈린다. 그 위치를 의미한다.

이 모델을 사용한 예는 다음과 같다.

```
>>> from sklearn.linear_model import (
...     LogisticRegression,
... )
>>> lr = LogisticRegression(random_state=42)
>>> lr.fit(X_train, y_train)
LogisticRegression(C=1.0, class_weight=None, dual=False,
    fit_intercept=True, intercept_scaling=1, max_iter=100,
    multi_class='ovr', n_jobs=1, penalty='l2', random_
    state=42, solver='liblinear', tol=0.0001, verbose=0,
    warm_start=False)
>>> lr.score(X_test, y_test)
0.8040712468193384

>>> lr.predict(X.iloc[[0]])
array([1])
>>> lr.predict_proba(X.iloc[[0]])
array([[0.08698937, 0.91301063]])
>>> lr.predict_log_proba(X.iloc[[0]])
array([[-2.4419694 , -0.09100775]])
>>> lr.decision_function(X.iloc[[0]])
array([2.35096164])
```

LogisticRegression 인스턴스를 구성하는 각 파라미터는 다음을 의미한다.

penalty='l2'
    페널티 부과에 사용될 정규화 기법. 'l1' 또는 'l2'이 될 수 있다.

dual=False
    이중 공식의 사용 여부 ('l2' 및 'liblinear'에서만 해당된다.)

C=1.0
    양의 부동소수 값으로 표현된 역규제화 강도로, 작을수록 규제가 더 강하다.

`fit_intercept=True`

결정 함수에 편향의 추가 여부

`intercept_scaling=1`

fit_intercept가 True이며 solver가 'liblinear'인 경우 절편의 크기를 조절한다.

`max_iter=100`

최대 반복 횟수

`multi_class='ovr'`

다중 범주를 분류하는 방식. 각 범주를 일대다One Versus Rest, OVR 방식으로 분류하는 경우 'ovr'로, 각 범주에 대한 소프트맥스 확률값을 계산하는 방식으로 분류하는 경우 'multinomial'로 설정한다.

`class_weight=None`

'balanced' 또는 각 범주별 가중치가 적힌 딕셔너리 자료형

`solver='liblinear'`

소규모 데이터셋일 때는 'liblinear'이 좋다. 'newton-cg', 'sag', 'saga', 'lb', 'gsfgs'는 다중 클래스의 데이터를 위한 것이며, 'liblinear'와 'librine'는 penalty가 'l1'일 때만 작동한다. 그 외에는 'l2'이 적용될 수 있다.

`tol=0.0001`

학습 중지 기준에 대한 허용 오차

`verbose=0`

상세 내용의 출력 여부를 설정한다.

`warm_start=False`

True인 경우 이전 내용을 기억하여, 적합을 이어 나갈 수 있다.

`n_jobs=1`

사용할 CPU의 코어 수. -1은 모든 코어를 활용한다. multi_class가 'ovr', solver가 'liblinear' 아닐 때만 작동한다.

다음은 적합된 후 생기는 속성이다.

coef_
　　결정 함수의 계수

intercept_
　　결정 함수의 절편

n_iter_
　　반복 횟수

절편은 기준치의 로그 오즈다. 역 로그 오즈 함수를 적용하면, 백분율의 정확도로 변환할 수도 있다.

```
>>> lr.intercept_
array([-0.62386001])
```

역 로짓(역 로그 오즈) 함수를 정의하고 사용해 보면 생존의 베이스라인이 34%임을 알 수 있다.

```
>>> def inv_logit(p):
...     return np.exp(p) / (1 + np.exp(p))

>>> inv_logit(lr.intercept_)
array([0.34890406])
```

각 특징별로 검사할 수도 있다. 계수의 역 로짓을 구하면 양성에 대한 비율을 얻을 수 있다. 이로부터 fare가 오르면 생존 확률이 높아지며, sex가 남성인 경우 생존 확률이 낮아짐을 알 수 있다.

```
>>> cols = X.columns
>>> for col, val in sorted(
...     zip(cols, lr.coef_[0]),
...     key=lambda x: x[1],
```

```
...        reverse=True,
... ):
...        print(f"{col:10}{val:10.3f} {inv_logit(val):10.3f}"
...            )
fare           0.104        0.526
parch         -0.062        0.485
sibsp         -0.274        0.432
age           -0.296        0.427
embarked_Q    -0.504        0.377
embarked_S    -0.507        0.376
pclass        -0.740        0.323
sex_male      -2.400        0.083
```

옐로브릭으로 계수를 시각화해 볼 수 있다. 이때 relative=True로 파라미터를 설정하면 가장 큰 값을 100(또는 -100)으로 만들어 주고, 이를 기준으로 값들을 백분율로 표현한다(그림 10-1).

```
>>> from yellowbrick.features.importances import (
...     FeatureImportances,
... )
>>> fig, ax = plt.subplots(figsize=(6, 4))
>>> fi_viz = FeatureImportances(lr)
>>> fi_viz.fit(X, y)
>>> fi_viz.poof()
>>> fig.savefig("images/mlpr_1001.png", dpi=300)
```

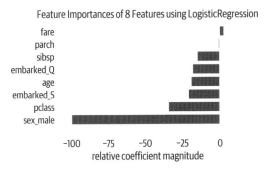

그림 10-1 특징 중요도(가장 큰 절대 회귀 계수에 상대적임)

10.2 나이브 베이즈

나이브 베이즈Naive Bayes는 데이터의 특징들 사이의 독립성을 가정하는 확률론적 분류 모델이다. 스팸 이메일을 감지하는 등 텍스트 분류 애플리케이션에서 많이 활용된다. 특징 독립성을 가정하기 때문에 소규모 샘플로도 모델을 학습시킬 수 있다는 것이 장점이다(특징 간의 상호작용을 포착하지 못하는 단점이 있다). 단순한 모델이지만 많은 특징으로 구성된 데이터에서도 작동하여 좋은 베이스라인 모델이 될 수 있다.

사이킷런은 GaussianNB, MultinomialNB, BernoulliNB 세 종류의 나이브 베이즈 모델을 지원한다. 첫 번째는 가우시안 분포를 따르는 데이터, 두 번째는 이산적인 카운트(횟수) 데이터, 마지막은 이산적인 부울 데이터(이진)를 가정한다.

나이브 베이즈 모델은 다음과 같은 특성이 있다.

런타임 효율성

학습의 시간 복잡도는 O(Nd)다. 여기서 N은 학습 데이터셋의 샘플 수이며, d는 차원성을 의미한다. 테스트의 시간 복잡도는 O(cd)이며, 이때 c는 범주의 개수를 나타낸다.

데이터 전처리

데이터의 독립성을 가정한다. 공선성을 가지는 열들을 제거한 후에 학습을 진행하는 것이 좋다. 연속적인 수치형 데이터의 경우 데이터의 구간(bin)을 나누는 것이 좋다. 가우시안은 정규 분포를 가정하므로 데이터가 정규 분포를 따르도록 변환하는 과정이 필요할 수 있다.

과적합 방지

높은 편향과 낮은 분산을 보인다(앙상블이 분산을 줄이지 못한다).

결과의 해석

사전 확률에 기반하여 샘플이 소속될 범주의 가능성은 백분율로
표현된다.

이 모델을 사용한 예는 다음과 같다.

```
>>> from sklearn.naive_bayes import GaussianNB
>>> nb = GaussianNB()
>>> nb.fit(X_train, y_train)
GaussianNB(priors=None, var_smoothing=1e-09)
>>> nb.score(X_test, y_test)
0.7837150127226463

>>> nb.predict(X.iloc[[0]])
array([1])
>>> nb.predict_proba(X.iloc[[0]])
array([[2.17472227e-08, 9.99999978e-01]])
>>> nb.predict_log_proba(X.iloc[[0]])
array([[-1.76437798e+01, -2.17472227e-08]])
```

GaussianNB 인스턴스는 다음과 같은 파라미터를 가진다.

priors=None
　범주별 사전 확률

var_smoothing=1e-9
　안정적인 계산을 위해 분산에 더해지는 값

다음은 적합된 후 생기는 속성이다.

class_prior_
　범주별 확률

class_count_
　범주의 개수

theta_
    범주별 각 특징의 평균

sigma_
    범주별 각 특징의 분산

epsilon_
    각 분산에 더해진 값

유용한정보

나이브 베이즈와 같은 모델은 영 확률(zero probability) 문제에 취약하다. 학습용 데이터셋에 없는 새로운 샘플을 분류하는 경우 영 확률을 얻게 된다. 한 가지 해결책은 라플라스 평활화(Laplace smoothing)를 사용하는 것이다. 사이킷런은 이를 alpha라는 파라미터를 통해 제어한다. alpha의 디폴트 값은 1이며, MultinomialNB 및 BernoulliNB 모델에 대해 평활화를 활성시켜 줄 수 있다.

10.3 서포트 벡터 머신

서포트 벡터 머신Support Vector Machine, SVM은 서로 다른 범주 사이의 선(또는 평면이나 초평면)을 찾고, 각 범주의 데이터와 해당 선 사이의 거리를 최대화하는 알고리즘이다. 이 방식으로 범주들 사이의 탄탄한 분리 지점을 찾는다. **서포트 벡터**support vector란 초평면을 분리하는 가장자리에 위치한 데이터를 말한다.

노트

사이킷런은 몇 가지 다른 SVM 구현체를 제공하는데, SVC(Support Vector Classifier)는 libsvm 라이브러리를, LinearSVC는 liblinear 라이브러리를 래핑한 것이다.

디폴트 loss 파라미터 사용 시 내부적으로 liniear_model.SGD Classifier가 선택되는 경우도 있다. 10장에서는 이들 중 첫 번째에 대한 내용을 다룬다.

일반적으로 SVM은 **커널 트릭**kernel trick을 사용하여 선형적 또는 비선형적 공간 모두에서 잘 작동한다. 커널 트릭이란 데이터 점을 실제로 새로운 차원에 매핑하는 것보다 계산이 쉬운 최소화된 공식으로 새로운 차원의 결정 경계decision boundary를 생성한다는 아이디어다. 디폴트로 사용되는 커널은 방사형 기저 함수Radial Basis Function, 'rbf'로, gamma 파라미터에 의해 제어되며 입력 공간을 고차원 공간으로 매핑할 수 있다.

SVM은 다음과 같은 특성이 있다.

런타임 효율성

사이킷런의 구현체의 시간 복잡도는 $O(n^4)$이므로 대규모로 확장이 어려울 수 있다. 선형 커널 또는 LinearSVC 모델을 사용하면 정확도를 어느 정도 희생하는 대신 런타임의 속도 성능을 향상시킬 수 있다. cache_size 파라미터의 값을 늘이면 시간 복잡도가 $O(n^3)$까지 내려올 수도 있다.

데이터 전처리

알고리즘은 데이터 크기에 따라 영향을 받는다. 즉 데이터의 표준화가 적극 권장된다.

과적합 방지

페널티 파라미터 C는 정규화를 제어한다. 이 값이 적을수록 더 작은 초평면의 여백이 허용된다. gamma 파라미터의 값이 클수록 학습용 데이터에 과적합되는 경향을 보인다. LinearSVC 모델은 정규화 지원을 위해 loss 및 penalty라는 두 파라미터를 제공한다.

결과의 해석

해석이 어렵긴 하지만 .support_vectors_ 속성을 검사해 볼 수 있다. 선형 커널의 경우에는 .coef_ 속성을 검사할 수 있다.

다음은 사이킷런의 SVM 구현체를 사용한 예를 보여 준다.

```
>>> from sklearn.svm import SVC
>>> svc = SVC(random_state=42, probability=True)
>>> svc.fit(X_train, y_train)
SVC(C=1.0, cache_size=200, class_weight=None,
  coef0=0.0, decision_function_shape='ovr',
  degree=3, gamma='auto', kernel='rbf',
  max_iter=-1, probability=True, random_state=42,
  shrinking=True, tol=0.001, verbose=False)
>>> svc.score(X_test, y_test)
0.8015267175572519

>>> svc.predict(X.iloc[[0]])
array([1])
>>> svc.predict_proba(X.iloc[[0]])
array([[0.15344656, 0.84655344]])
>>> svc.predict_log_proba(X.iloc[[0]])
array([[-1.87440289, -0.16658195]])
```

probability 파라미터를 True로 설정하면 확률값을 얻을 수 있다. 다만 모델이 적합되는 속도를 낮출 수도 있다.

퍼셉트론과 유사하지만 최대 여백을 찾아 주며, 선형적으로 분리될 수 없는 데이터의 오차를 최소화한다. 또한 다른 종류의 커널도 지원한다.

SVC 인스턴스는 다음과 같은 파라미터를 가진다.

C=1.0
  페널티 관련 파라미터. 이 값이 작을수록 결정 경계의 여백이 줄어든다(보다 과적합될 수 있음).

cache_size=200
  캐시 크기(MB). 이 문제를 해결하면 대규모 데이터셋의 교육 시간을 단축할 수 있다.

class_weight=None
  범주별 C를 설정하기 위한 딕셔너리 또는 'balanced'로 설정될 수 있다.

`coef0=0.0`

다항식polynomial 또는 시그모이드 커널에 대한 독립 항independent term

`decision_function_shape='ovr'`

일대다('ovr') 또는 일대일('ovo') 중 하나로 설정될 수 있다.

`degree=3`

다항식 커널의 차수

`gamma='auto'`

커널 계수. 숫자 또는 'scale', 'auto'로 설정될 수 있다. 디폴트로
선택되는 'scale'은 1/(특징의 개수 * X.std()), 'auto'는 1/(특징의
개수)로 계산된 값을 사용한다. 이 값이 낮을수록 학습 데이터에 과
적합될 수 있다.

`kernel='rbf'`

커널의 유형으로 'linear', 'poly', 'rbf'(디폴트), 'sigmoid',
'precomputed' 또는 사용자 정의 함수가 지정될 수 있다.

`max_iter=-1`

최대 반복 횟수. -1로 설정 시 제한을 두지 않는다.

`probability=False`

확률 추정의 활성화 여부. 학습 속도가 느려질 수 있다.

`random_state=None`

난수 생성 시드

`shrinking=True`

수축 휴리스틱shrinking heuristic의 사용 여부

`tol=0.001`

적합의 정지 허용 오차를 설정한다.

`verbose=False`

상세 내용의 출력 여부를 설정한다.

다음은 적합된 후 생기는 속성이다.

support_
    서포트 벡터의 색인

support_vectors_
    서포트 벡터의 배열

n_support_vectors_
    범주별 서포트 벡터의 개수

coef_
    (선형) 커널의 계수

10.4 K-최근접 이웃

K-최근접 이웃K-Nearest Neighbor, KNN은 K개의 일부 훈련 샘플까지의 거리를 기준으로 분류를 수행하는 알고리즘이다. 학습될 파라미터가 없는 이런 종류의 알고리즘을 **인스턴스 기반 학습**instance-based learning이라고 한다. KNN 모델은 추론하기에 충분한 거리가 존재한다고 가정한다. 만약 그렇지 않다면 데이터나 데이터 분포에 대한 어떠한 추정도 할 수 없다.

이 알고리즘의 까다로운 부분은 적절한 K 값을 선택하는 것이다. 또한 고차원의 공간에서는 최근접 이웃과 가장 먼 이웃 간의 차이가 미비하므로 차원의 저주curse of dimensionality가 거리 평가 지표를 방해할 수도 있다.

KNN 모델은 다음과 같은 특성이 있다.

런타임 효율성
    학습 시의 시간 복잡도는 O(1)이지만, 데이터의 저장이 필요하다. 테스트 시의 시간 복잡도는 O(Nd)인데 여기서 N은 학습 데이터의 개수이며, d는 차원성을 의미한다.

데이터 전처리

거리 기반의 계산은 데이터가 표준화되었을 때 더 좋은 성능을 보인다.

과적합 방지

n_neighbors의 값을 늘리고, p로 L1 또는 L2 정규화를 적용한다.

결과의 해석

.kneighbors 메서드로 샘플에 대한 K-최근접 이웃의 해석이 가능하다. 이로부터 결과를 해석해 볼 수 있다.

다음은 KNN 모델을 사용하는 예를 보여 준다.

```
>>> from sklearn.neighbors import (
...     KNeighborsClassifier,
... )
>>> knc = KNeighborsClassifier()
>>> knc.fit(X_train, y_train)
KNeighborsClassifier(algorithm='auto',
  leaf_size=30, metric='minkowski',
  metric_params=None, n_jobs=1, n_neighbors=5,
  p=2, weights='uniform')
>>> knc.score(X_test, y_test)
0.7837150127226463

>>> knc.predict(X.iloc[[0]])
array([1])

>>> knc.predict_proba(X.iloc[[0]])
array([[0., 1.]])
```

KNeighborsClassifier 인스턴스는 다음과 같은 파라미터를 가진다.

algorithm='auto'

'brute', 'ball_tree', 'kd_tree' 중 하나로 설정될 수 있다.

leaf_size=30

트리 기반 알고리즘에 사용되는 파라미터. 리프 노드의 크기를 지정한다.

`metric='minkowski'`

거리의 평가 지표

`metric_params=None`

사용자 정의 평가 지표 함수에 추가적으로 전달될 파라미터를 담은 딕셔너리

`n_jobs=1`

사용될 CPU의 코어 개수

`n_neighbors=5`

이웃의 개수

`p=2`

민코프스키 승수Minkowski power 파라미터. 1은 맨해튼(L1), 2는 유클리드(L2)를 의미한다.

`weights='uniform'`

'distance'로 설정될 수 있는데 이 경우 가까운 데이터 점일수록 더 많은 영향을 받는다.

거리 평가 지표에는 `'euclidean'`, `'manhattan'`, `'chebyshev'`, `'minkowski'`, `'wminkowski'`, `'seuclidean'`, `'mahalanobis'`, `'haversine'`, `'hamming'`, `'canberra'`, `'braycurtis'`, `'jaccard'`, `'matching'`, `'dice'`, `'rogerstanimoto'`, `'russellrao'`, `'sokalmichener'`, `'sokalsneath'`, 사용자 정의 콜러블callable[5]이 설정될 수 있다.

K가 짝수이며 이웃들이 분리된 경우, 결과는 학습 데이터의 순서에 따라 달라진다.

5 　옮긴이 콜러블이란, 말 그대로 호출 가능한 것을 의미한다. 함수가 될 수도 있으며, `__call__`을 구현한 클래스의 인스턴스가 될 수도 있다.

10.5 디시전 트리

디시전 트리decision tree는 의사가 던지는 일련의 문진에 대답하는 과정으로 증상의 원인을 결정짓는 것과 유사하다. 이 과정으로 디시전 트리를 구축하고, 일련의 질문을 통해 타깃 범주를 예측할 수 있다. 이 모델은 (일부 구현에서) 수치형이 아닌 데이터를 지원하고, 데이터 준비 과정이 비교적 단순하며(값의 크기 조정이 필요 없음), 비선형적 관계를 처리할 수 있을 뿐만 아니라, 특징들의 중요도를 얻고 해석이 쉽다는 장점을 가진다.

생성에 사용되는 디폴트 알고리즘은 분류 회귀 트리Classification And Regression Tree, CART로, 지니 불순도/지수Gini impurity/index로 결정을 내린다. 각 특징들을 반복적으로 접근하여 잘못된 분류에 대한 가장 낮은 확률 값을 도출하는 특징 값을 찾는다.

유용한정보

> 디폴트 값을 사용하면 끝까지 자라난 트리(과적합이라고 읽는다)가 만들어진다. max_depth, cross-validation과 같은 메커니즘을 통해 이를 제어할 수 있다.

디시전 트리는 다음과 같은 특성이 있다.

런타임 효율성

생성 시의 시간 복잡도는 m개의 특징을 반복적으로 접근하고, n개의 샘플을 정렬해야 하므로 $O(mn \log n)$이다. 예측 시의 시간 복잡도는 단순히 만들어진 트리를 따라 내려가면 되므로 $O(height)$이다.

데이터 전처리

데이터 값의 크기 조정이 필요하지 않다. 누락된 값의 제거 및 비수치형 데이터를 수치형으로 변환해야 한다.

과적합 방지

max_depth 값은 낮추고, min_impurity_decrease 값은 늘린다.

결과의 해석

디시전 트리를 따라 내려가면서 선택된 결정을 확인할 수 있다. 계단식으로 이루어졌기 때문에 디시전 트리는 선형적 관계를 잘 다루지 못한다(값이 약간만 변화해도 전혀 다른 경로를 타고 내려갈 수 있다). 또한 학습용 데이터셋에 대한 의존도가 높기 때문에 데이터가 약간만 바뀌어도 트리 전체가 바뀌는 결과를 초래한다.

다음은 사이킷런 라이브러리를 사용한 예를 보여 준다.

```
>>> from sklearn.tree import DecisionTreeClassifier
>>> dt = DecisionTreeClassifier(
...      random_state=42, max_depth=3
... )
>>> dt.fit(X_train, y_train)
DecisionTreeClassifier(class_weight=None,
  criterion='gini', max_depth=None,
  max_features=None, max_leaf_nodes=None,
  min_impurity_decrease=0.0,
  min_impurity_split=None,
  min_samples_leaf=1, min_samples_split=2,
  min_weight_fraction_leaf=0.0, presort=False,
  random_state=42, splitter='best')

>>> dt.score(X_test, y_test)
0.8142493638676844

>>> dt.predict(X.iloc[[0]])
array([1])
>>> dt.predict_proba(X.iloc[[0]])
array([[0.02040816, 0.97959184]])
>>> dt.predict_log_proba(X.iloc[[0]])
array([[-3.8918203 , -0.02061929]])
```

DecisionTreeClassifier 인스턴스는 다음과 같은 파라미터를 가진다.

class_weight=None

딕셔너리 자료형으로 제공되는 범주에 대한 가중치. 'balanced'로 설정되면 범주의 빈도에 반비례로 가중치를 설정한다. 디폴트는 각 범주에 1이란 값을 부여한다. 다중 범주(multiclass)의 경우 각 범주별 일대다(OVR) 딕셔너리를 품은 리스트가 제공되어야 한다.

criterion='gini'

분할 함수. 'gini' 또는 'entropy'로 설정될 수 있다.

max_depth=None

디시전 트리의 최대 깊이. 디폴트는 리프 노드가 min_samples_split 보다 적은 샘플을 가질 때까지 트리를 성장시킨다.

max_features=None

분할을 위해 검사할 특징의 수. 디폴트는 모든 특징을 사용하는 것이다.

max_leaf_nodes=None

리프 노드의 개수의 제한. 디폴트는 제한을 두지 않는다.

min_impurity_decrease=0.0

노드를 분할하기 위한 불순도의 조건 값. 이 값보다 불순도가 크거나 같을 때 노드의 분할이 허용된다.

min_impurity_split=None

더 이상 사용하지 않는 파라미터다.

min_samples_leaf=1

각 리프 노드가 가져야 할 최소 샘플 수

min_samples_split=2

노드 분할에 필요한 최소 샘플 수

min_weight_fraction_leaf=0.0
리프 노드에 필요한 가중치의 최소 합

presort=False
True로 설정하면 제한된 깊이로 구성된 디시전 트리나 소규모 데이터셋의 상황에서 속도를 높일 수 있다.

random_state=None
난수 생성 시드

splitter='best'
'random' 또는 'best'로 설정될 수 있다.

다음은 적합된 후 생기는 속성이다.

classes_
범주의 레이블

feature_importances_
특징별 Gini 중요도를 담은 배열

n_classes_
범주의 개수

n_features_
특징의 개수

tree_
구성된 디시전 트리 객체

다음 코드를 사용하면 디시전 트리를 시각적으로 확인할 수 있다(그림 10-2).

```
>>> import pydotplus
>>> from io import StringIO
>>> from sklearn.tree import export_graphviz
>>> dot_data = StringIO()
```

```
>>> tree.export_graphviz(
...     dt,
...     out_file=dot_data,
...     feature_names=X.columns,
...     class_names=["Died", "Survived"],
...     filled=True,
... )
>>> g = pydotplus.graph_from_dot_data(
...     dot_data.getvalue()
... )
>>> g.write_png("images/mlpr_1002.png")
```

주피터 노트북에서는 다음의 코드를 사용한다.

```
from IPython.display import Image
Image(g.create_png())
```

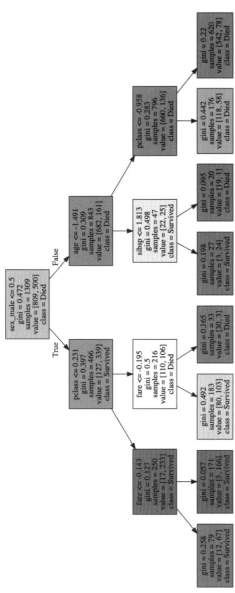

그림 10-2 디시전 트리

dtreeviz 패키지[6]는 디시전 트리의 작동 방식을 이해하는 데 유용한 도구를 제공한다. 내용이 표시된 히스토그램의 계층적 정보를 출력한다. 이로부터 유용한 통찰을 얻을 수 있다(그림 10-3). 다음은 dtreeviz를 사용하는 예다. 주피터 노트북을 사용하는 경우, 즉각적으로 viz 객체를 출력하는 것이 가능하다. 그렇지 않다면 .save 메서드를 호출하여 PDF, SVG, PNG와 같은 이미지 파일로 출력한다.

```
>>> viz = dtreeviz.trees.dtreeviz(
...     dt,
...     X,
...     y,
...     target_name="survived",
...     feature_names=X.columns,
...     class_names=["died", "survived"],
... )
>>> viz
```

---

6   https://github.com/parrt/dtreeviz

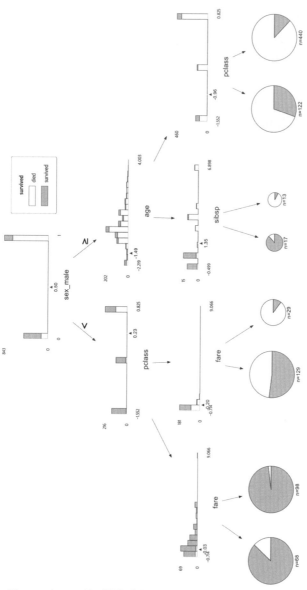

그림 10-3 dtreeviz를 이용한 디시전 트리의 결과 출력

Gini 중요도를 보여 주는 특징 중요도는 다음과 같이 얻을 수 있다.

```
>>> for col, val in sorted(
...     zip(X.columns, dt.feature_importances_),
...     key=lambda x: x[1],
...     reverse=True,
... )[:5]:
...     print(f"{col:10}{val:10.3f}")
sex_male       0.607
pclass         0.248
sibsp          0.052
fare           0.050
age            0.043
```

옐로브릭 라이브러리로 특징 중요도를 시각화할 수 있다(그림 10-4).

```
>>> from yellowbrick.features.importances import (
...     FeatureImportances,
... )
>>> fig, ax = plt.subplots(figsize=(6, 4))
>>> fi_viz = FeatureImportances(dt)
>>> fi_viz.fit(X, y)
>>> fi_viz.poof()
>>> fig.savefig("images/mlpr_1004.png", dpi=300)
```

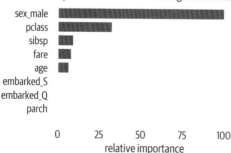

Feature Importances of 8 Features using DecisionTreeClassifier

그림 10-4 디시전 트리에 대한 특징 중요도(Gini 계수), (sex_male을 기준으로 정규화되었음)

10.6 랜덤 포레스트

랜덤 포레스트random forest는 디시전 트리를 앙상블한 것이다. **배깅**bagging 기법을 사용하여 디시전 트리의 과적합 경향을 바로잡는다. 전체 데이터로부터 무작위로 특징 및 샘플을 추출하여 여러 개의 디시전 트리를 만들어서 분산의 정도를 낮춘다.

데이터의 부분 집합에 대해 학습을 수행하기 때문에 랜덤 포레스트는 OOB 오차와 성능을 평가할 수 있다. 또한 모든 디시전 트리에 대한 특징 중요도의 평균을 구하여 전체적인 특징 중요도를 추적한다.

배깅에 대한 직관은 1785년 콩도르세Marquis de Condorcet가 적은 수필로부터 얻을 수 있다. 이 수필의 핵심은 배심원단을 구성하고 싶다면, 정확한 평결을 내릴 확률이 50% 이상인 사람을 추가하여 얻은 결정의 평균을 구해야 한다는 것이다. 그러면 배심원단에 사람을 추가할 때마다(각 사람들의 선택 과정은 서로 독립), 더 좋은 결과를 얻을 수 있다.

랜덤 포레스트의 개념은 학습용 데이터셋에서 서로 다른 특징에 대해 학습된 여러 디시전 트리로 '숲(포레스트)'을 만드는 것이다. 각 디시전 트리가 50% 이상의 확률로 올바른 분류를 수행할 수 있다면 이들의 예측을 서로 통합해야 한다. 최근 들어 그래디언트 부스팅 트리의 등장으로 그 인기가 주춤하고 있지만, 그동안 분류 및 회귀 문제에서 상당히 뛰어난 도구로서 활용되어 왔다.

랜덤 포레스트는 다음과 같은 특성이 있다.

런타임 효율
j개의 디시전 트리를 생성해야 한다. n_jobs 파라미터를 통해 병렬로 수행될 수 있다. 각 트리에 대한 시간 복잡도는 $O(mn \log n)$이다. 여기서 n은 샘플의 개수이며 m은 특징의 개수다. 각 트리별 생

성 시의 시간 복잡도는 m개의 특징을 반복적으로 접근하고, n개의 샘플을 정렬해야 하므로 O(mn log n)이다. 예측 시의 시간 복잡도는 단순히 만들어진 트리를 따라 내려가면 되므로 O(height)다.

데이터 전처리

반드시 필요한 것은 아니다.

과적합 방지

보다 많은 디시전 트리(n_estimators)를 추가하고, max_depth의 값을 낮춘다.

결과의 해석

특징 중요도를 지원하지만, 단일 디시전 트리에 대한 정보는 아니다. 앙상블로부터 단일 디시전 트리들을 검사할 수 있다.

다음은 랜덤 포레스트를 사용한 예를 보여 준다.

```
>>> from sklearn.ensemble import (
...     RandomForestClassifier,
... )
>>> rf = RandomForestClassifier(random_state=42)
>>> rf.fit(X_train, y_train)
RandomForestClassifier(bootstrap=True,
  class_weight=None, criterion='gini',
  max_depth=None, max_features='auto',
  max_leaf_nodes=None, min_impurity_decrease=0.0,
  min_impurity_split=None, min_samples_leaf=1,
  min_samples_split=2,
  min_weight_fraction_leaf=0.0,
  n_estimators=10, n_jobs=1, oob_score=False,
  random_state=42, verbose=0, warm_start=False)
>>> rf.score(X_test, y_test)
0.7862595419847328

>>> rf.predict(X.iloc[[0]])
array([1])
```

```
>>> rf.predict_proba(X.iloc[[0]])
array([[0., 1.]])
>>> rf.predict_log_proba(X.iloc[[0]])
array([[-inf, 0.]])
```

RandomForestClassifier 인스턴스는 다음과 같은 파라미터를 가진다(일
부는 디시전 트리의 파라미터를 그대로 반영한다).

bootstrap=True
> 디시전 트리 구축 시 부트스트랩의 사용 여부

class_weight=None
> 딕셔너리 자료형으로 제공되는 범주에 대한 가중치. 'balanced'로 설
> 정되면 범주의 빈도에 반비례로 가중치를 설정한다. 디폴트는 각 범
> 주에 1이란 값을 부여한다. 다중 범주(multiclass)의 경우 각 범주별
> 일대다(OVR) 딕셔너리를 품은 리스트가 제공되어야 한다.

criterion='gini'
> 분할 함수. 'gini' 또는 'entropy'로 설정될 수 있다.

max_depth=None
> 디시전 트리의 최대 깊이. 디폴트는 리프 노드가 min_samples_split
> 보다 적은 샘플을 가질 때까지 트리를 성장시킨다.

max_features='auto'
> 분할을 위해 검사할 특징의 수. 디폴트는 모든 특징을 사용하는 것
> 이다.

max_leaf_nodes=None
> 리프 노드 개수의 제한. 디폴트는 제한을 두지 않는다.

min_impurity_decrease=0.0
> 노드를 분할하기 위한 불순도의 조건 값. 이 값보다 불순도가 크거
> 나 같을 때 노드의 분할이 허용된다.

min_impurity_split=None
> 더 이상 사용되지 않는다.

min_samples_leaf=1
> 각 리프 노드가 가져야 할 최소 샘플 수

min_samples_split=2
> 노드 분할에 필요한 최소 샘플 수

min_weight_fraction_leaf=0.0
> 리프 노드에 필요한 가중치의 최소 합

n_estimators=10
> 랜덤 포레스트를 구성하는 디시전 트리의 개수

n_jobs=1
> 적합 및 예측에 사용될 CPU 코어의 개수

oob_score=False
> oob_score 추정의 사용 여부

random_state=None
> 난수 생성 시드

verbose=0
> 상세 내용의 출력 여부를 설정한다.

warm_start=False
> True로 설정된 경우 이전에 학습된 랜덤 포레스트를 계속해서 사용한다.

다음은 적합된 후 생기는 속성이다.

classes_
> 범주의 레이블

feature_importances_
> 특징별 Gini 중요도를 담은 배열

n_classes_

범주의 개수

n_features_

특징의 개수

oob_score_

OOB 점수. 디시전 트리에서 사용되지 않은 샘플로부터 얻은 평균
정확도다.

Gini 중요도를 보여 주는 특징 중요도는 다음과 같이 얻을 수 있다.

```
>>> for col, val in sorted(
...     zip(X.columns, rf.feature_importances_),
...     key=lambda x: x[1],
...     reverse=True,
... )[:5]:
...     print(f"{col:10}{val:10.3f}")
age          0.285
fare         0.268
sex_male     0.232
pclass       0.077
sibsp        0.059
```

유용한 정보

랜덤 포레스트 분류 모델은 각 특징별 평균 불순도의 감소(mean decrease in impurity)로부터 특징 중요도를 계산한다(Gini 중요도라고도 한다). 분류 상 불확실성을 낮추는 특징이 더 높은 점수를 받는다.

이 중요도를 표현하는 숫자는 범주형 열의 카디널리티 또는 척도가 달라지는 경우 유의미한 범위를 벗어날 수 있다. 보다 신뢰할 수 있는 점수는 순열 중요도(permutation importance, 각 특징의 값을 뒤섞은 다음 정확도의 저하를 측정)다. 순열 중요도보다 더 신뢰성이 높은 메커니즘으로 특징 제거 중요도(drop column importance, 각 특징을 제거한 다음 모델을 재평가)가 있지만, 제거되는 특징에 대해 새로운 모델의 생성이 필요하다. rfpimp 패키지의 importances 함수를 참고하기 바란다.

```
>>> import rfpimp
```

```
>>> rf = RandomForestClassifier(random_state=42)
>>> rf.fit(X_train, y_train)
>>> rfpimp.importances(
...     rf, X_test, y_test
... ).Importance
Feature
sex_male      0.155216
fare          0.043257
age           0.033079
pclass        0.027990
parch         0.020356
embarked_Q    0.005089
sibsp         0.002545
embarked_S    0.000000
Name: Importance, dtype: float64
```

10.7 XGBoost

사이킷런에서도 GradientBoostingClassifier를 제공하지만, 익스트림 부스팅을 사용하는 제3의 라이브러리 구현체를 사용하는 것이 바람직하다. 사이킷런 대비 더 나은 결과를 보이는 경향이 있다.

XGBoost[7]는 그중 인기 있는 라이브러리다. 약한[8] 디시전 트리를 만든 다음, 그로부터 파생되는 디시전 트리들을 '부스팅(신장)'하여 잔차 오차 (residual errors)를 줄인다. 오차의 패턴이 무작위성을 띨 때까지 무작위 가 아니라고 보여지는 패턴을 포착하고 다룬다.

XGBoost는 다음과 같은 특성이 있다.

런타임 효율

XGBoost는 병렬 처리될 수 있다. n_jobs 파라미터를 통해서 사용할 CPU 코어의 개수를 지정할 수 있다. 보다 나은 런타임 성능을 원한다면 GPU 또한 활용이 가능하다.

---

7   https://oreil.ly/WBo0g
8   [옮긴이] 데이터의 일부로만 학습되었기 때문에 약하다고 부른다.

데이터 전처리

디시전 트리 모델에서는 데이터 값의 크기 조절이 필요하지 않다. 범주형 데이터는 인코딩되어야 한다.

과적합 방지

early_stopping_rounds=N 파라미터를 설정하면 N번째 라운드 이후 성능 향상이 없을 때 학습을 중단시킬 수 있다. L1 및 L2 정규화는 각각 reg_alpha와 reg_lambda 파라미터로 제어된다. 이 값이 클수록 보다 보수적이다.

결과의 해석

특징 중요도를 얻을 수 있다.

XGBoost의 .fit에는 추가적인 파라미터가 있다. early_stopping_rounds와 eval_set가 결합될 때 early_stopping_rounds에 지정된 부스팅 라운드 이후에도 평가 지표상 성능 향상이 없으면 추가적인 디시전 트리의 생성을 종료한다. eval_metric은 'rmse', 'mae', 'logloss', 'error', 'auc', 'aucpr' 중 하나 또는 사용자 정의 함수로 설정될 수 있다.

다음은 XGBoost 라이브러리의 사용 예를 보여 준다.

```
>>> import xgboost as xgb
>>> xgb_class = xgb.XGBClassifier(random_state=42)
>>> xgb_class.fit(
...     X_train,
...     y_train,
...     early_stopping_rounds=10,
...     eval_set=[(X_test, y_test)],
... )
XGBClassifier(base_score=0.5, booster='gbtree',
  colsample_bylevel=1, colsample_bytree=1, gamma=0,
  learning_rate=0.1, max_delta_step=0, max_depth=3,
  min_child_weight=1, missing=None,
  n_estimators=100, n_jobs=1, nthread=None,
  objective='binary:logistic', random_state=42,
```

```
    reg_alpha=0, reg_lambda=1, scale_pos_weight=1,
    seed=None, silent=True, subsample=1)

>>> xgb_class.score(X_test, y_test)
0.7862595419847328

>>> xgb_class.predict(X.iloc[[0]])
array([1])
>>> xgb_class.predict_proba(X.iloc[[0]])
array([[0.06732017, 0.93267983]], dtype=float32)
```

XGBClassifier 인스턴스는 다음과 같은 파라미터를 가진다

max_depth=3
 디시전 트리의 최대 깊이

learning_rate=0.1
 0과1 사이의 값을 가지는 부스팅 학습률(eta라고도 함). 각 부스팅 단계에서 새로이 추가된 가중치가 부스팅 학습률에 따라 조정된다. 이 값이 작을수록 더 보수적이지만, 수렴까지 더 많은 디시전 트리가 필요하다. .train 메서드 호출 시 learning_rates 파라미터를 통해 부스팅 학습률을 설정할 수 있다. 설정 값은 각 라운드에 대한 학습률 리스트로 구성되어야 한다(예, [.1]*100 + [.05]*100).

n_estimators=100
 부스팅될 디시전 트리의 수 또는 라운드의 횟수

silent=True
 부스팅 수행 도중 상세 내용 출력의 여부를 설정한다. 다른 모델의 verbose와는 정반대로 작동한다.

objective='binary:logistic'
 분류에 대한 미리 정의된 학습 작업 문자열 또는 호출 가능한 콜러블(예, 함수)

booster='gbtree'

> 'gbtree', 'gblinear', 'dart'로 설정될 수 있다.

nthread=None

> 더 이상 사용되지 않는다.

n_jobs=1

> 사용될 스레드의 개수

gamma=0

> 리프 노드 분할에 필요한 최소 손실 감소로, 0부터 무한대 범위의 값을 가지는 가지치기 제어 파라미터. 이 값이 클수록 더 보수적이다. 학습 및 테스트 점수가 서로 엇갈리는 경우 더 높은 값(약 10)을 사용하고, 학습 및 테스트 점수가 서로 근접하는 경우 더 낮은 값을 사용한다.

min_child_weight=1

> 자식 노드의 헤시안(hessian) 합의 최솟값

max_delta_step=0

> 업데이트를 보다 보수적으로 만든다. 균형이 맞지 않는 수업은 1에서 10으로 설정한다.

subsample=1

> 다음 라운드에 사용할 샘플의 일부

colsample_bytree=1

> 라운드별 사용될 특징의 비율

colsample_bylevel=1

> 트리의 수준별 사용될 특징의 비율

colsample_bynode=1

> 노드별 사용될 특징의 비율

reg_alpha=0

> 희소성을 장려하는 L1 정규화(가중치의 평균). 이 값이 클수록 더 보수적이다.

reg_lambda=1

　　작은 가중치를 장려하는 L2 정규화(가중치의 제곱근). 이 값이 클수록 더 보수적이다.

scale_pos_weight=1

　　음성/양성 가중치의 비율

base_score=.5

　　베이스라인으로 사용될 초기의 예측 값

seed=None

　　더 이상 사용되지 않는다.

random_state=0

　　난수 생성 시드

missing=None

　　누락된 값의 해석 값. None은 np.nan을 의미한다.

importance_type='gain'

　　특징 중요도 유형으로 'gain', 'weight', 'cover', 'total_gain', 'total_cover' 중 하나로 설정될 수 있다.

속성:

coef_

　　gblinear 학습자에 대한 계수

feature_importances_

　　gbtree 학습자를 위한 특징 중요도

특징 중요도는 특징이 사용된 모든 노드에 걸친 평균 이득이다.

```
>>> for col, val in sorted(
...     zip(
...         X.columns,
...         xgb_class.feature_importances_,
```

```
...        ),
...        key=lambda x: x[1],
...        reverse=True,
... )[:5]:
...        print(f"{col:10}{val:10.3f}")
fare           0.420
age            0.309
pclass         0.071
sex_male       0.066
sibsp          0.050
```

XGBoost 라이브러리에는 특징 중요도 그래프를 그리는 기능이 내장되어 있다(그림 10-5). 이 기능(함수) 호출 시 importance_type 파라미터 설정이 가능하다. 이 파라미터의 디폴트 값은 'weight'으로 특징이 모든 트리에서 등장한 횟수를 뜻한다. 또는 특징이 사용될 때의 평균 이득을 보여 주는 'gain', 분할에 영향받은 샘플의 수를 뜻하는 'cover'로도 설정될 수 있다.

```
>>> fig, ax = plt.subplots(figsize=(6, 4))
>>> xgb.plot_importance(xgb_class, ax=ax)
>>> fig.savefig("images/mlpr_1005.png", dpi=300)
```

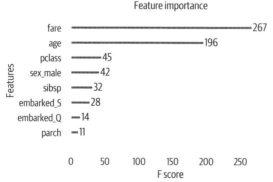

그림 10-5 가중치를 보여 주는 특징 중요도(모든 트리에서 특징이 등장한 횟수)

값을 정규화하는 옐로브릭 라이브러리로도 특징 중요도의 그래프를 그릴 수 있다(그림 10-6).

```
>>> fig, ax = plt.subplots(figsize=(6, 4))
>>> fi_viz = FeatureImportances(xgb_class)
>>> fi_viz.fit(X, y)
>>> fi_viz.poof()
>>> fig.savefig("images/mlpr_1006.png", dpi=300)
```

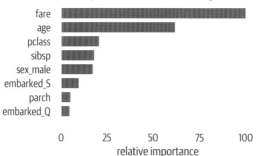

그림 10-6 옐로브릭으로 그린 XGBoost의 특징 중요도(100으로 정규화됨)

XGBoost 라이브러리는 디시전 트리를 시각적으로 표현할 수 있을 뿐만 아니라 텍스트로도 표현할 수 있다. 다음은 텍스트로 표현된 예다.

```
>>> booster = xgb_class.get_booster()
>>> print(booster.get_dump()[0])
0:[sex_male<0.5] yes=1,no=2,missing=1
  1:[pclass<0.23096] yes=3,no=4,missing=3
    3:[fare<-0.142866] yes=7,no=8,missing=7
      7:leaf=0.132530
      8:leaf=0.184
    4:[fare<-0.19542] yes=9,no=10,missing=9
      9:leaf=0.024598
      10:leaf=-0.1459
```

```
2:[age<-1.4911] yes=5,no=6,missing=5
   5:[sibsp<1.81278] yes=11,no=12,missing=11
      11:leaf=0.13548
      12:leaf=-0.15000
   6:[pclass<-0.95759] yes=13,no=14,missing=13
      13:leaf=-0.06666
      14:leaf=-0.1487
```

리프 노드의 값은 범주 1에 대한 점수다. 로지스틱 함수를 사용하면 확률 값으로도 변환될 수 있다. 아래 코드처럼 입력에 대해 디시전 트리가 내린 결정이 리프 노드 7번으로 떨어진다면 범주 1이 될 확률은 53%가 된다. 상기 텍스트 출력은 단일 디시전 트리가 구한 점수만을 보여준다. 모델이 100개의 디시전 트리로 구성된다면 각 트리의 리프 노드의 값을 더하고 로지스틱 함수를 적용하여 확률을 구할 수 있다.

```
>>> # 첫 번째 트리의 일곱 번째 리프 노드에 대한 점수
>>> 1 / (1 + np.exp(-1 * 0.1238))
0.5309105310475829
```

다음은 모델의 첫 번째 디시전 트리를 시각적으로 표현하는 방법이다 (그림 10-7).

```
>>> fig, ax = plt.subplots(figsize=(6, 4))
>>> xgb.plot_tree(xgb_class, ax=ax, num_trees=0)
>>> fig.savefig("images/mlpr_1007.png", dpi=300)
```

xgbfir 패키지[9]는 XGBoost를 기반으로 만들어진 라이브러리로, 특징 중요도에 대한 다양한 측정을 제공한다. 이 라이브러리는 각 특징별 또는 특징의 쌍별로 이러한 측정을 제공할 수 있다. 즉, 특징 간의 상호작

9　https://oreil.ly/kPnRv

용을 파악할 수 있다는 것이다. 또한 3개의 특징에 대한 정보를 얻을 수 있다.

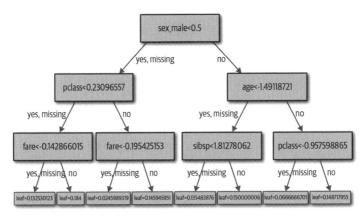

그림 10-7 XGBoost의 첫 번째 디시전 트리

이 라이브러리가 제공하는 특징에는 다음과 같은 것이 있다.

Gain
　각 특징 또는 특징의 상호작용에 대한 총 이득

FScore
　특징 또는 특징의 상호작용에 대한 분할의 양

wFScore
　분할 발생 확률에 따라 가중된 특징 또는 특징의 상호작용에 대한
　분할의 양

평균 wFScore(Average wFScore)
　wFScore를 FScore로 나눈 것

평균 이득(Average Gain)
　Gain을 FScore로 나눈 것

기대 이득(Expected Gain)

　이득을 얻을 확률에 따라 가중된 각 특징 또는 특징의 상호작용에
　대한 총 이득

이 라이브러리는 단순히 스프레드시트로 내보내는 인터페이스를 제공
한다. 따라서 pandas를 이용하여 내보내진 결과를 다시 읽어들일 수 있
다. 다음은 특징별 측정된 다양한 중요도를 보여 준다.

```
>>> import xgbfir
>>> xgbfir.saveXgbFI(
...     xgb_class,
...     feature_names=X.columns,
...     OutputXlsxFile="fir.xlsx",
... )
>>> pd.read_excel("/tmp/fir.xlsx").head(3).T
                           0         1         2
Interaction         sex_male    pclass      fare
Gain                 1311.44   585.794   544.884
FScore                    42        45       267
wFScore              39.2892   21.5038    128.33
Average wFScore     0.935458  0.477861  0.480636
Average Gain         31.2247   13.0177   2.04076
Expected Gain        1307.43   229.565   236.738
Gain Rank                  1         2         3
FScore Rank                4         3         1
wFScore Rank               3         4         1
Avg wFScore Rank           1         5         4
Avg Gain Rank              1         2         4
Expected Gain Rank         1         3         2
Average Rank         1.83333   3.16667       2.5
Average Tree Index   32.2381   20.9778   51.9101
Average Tree Depth  0.142857   1.13333   1.50562
```

출력된 표로부터 sex_male이 이득, 평균 wFScore, 평균 이득, 기대 이
득에서 높은 점수를 보여 주며 fare가 Fscore 및 wFScore에서 가장 좋
은 점수를 보여 준다는 것을 알 수 있다.

다음은 특징 쌍의 상호작용에 대한 결과를 보여 준다.

```
>>> pd.read_excel(
...     "fir.xlsx",
...     sheet_name="Interaction Depth 1",
... ).head(2).T
Interaction           class|sex_male  age|sex_male
Gain                        2090.27       964.046
FScore                           35            18
wFScore                     14.3608       9.65915
Average wFScore            0.410308      0.536619
Average Gain                 59.722       53.5581
Expected Gain                827.49        616.17
Gain Rank                         1             2
FScore Rank                       5            10
wFScore Rank                      4             8
Avg wFScore Rank                  8             5
Avg Gain Rank                     1             2
Expected Gain Rank                1             2
Average Rank                3.33333       4.83333
Average Tree Index          18.9714       38.1111
Average Tree Depth                1       1.11111
```

이로부터 sex_male 특징이 pclass 및 age와 결합된 경우 가장 높은 상호
작용 점수를 보여 준다는 사실을 알 수 있다. 단 2개의 특징만으로 모델
을 만들어야 한다면 pclass 및 sex_male을 선택하는 것이 좋을 것이다.

마지막으로 세 특징 간의 상호작용을 확인한다.

```
>>> pd.read_excel(
...     "fir.xlsx",
...     sheet_name="Interaction Depth 2",
... ).head(1).T
                                    0
Interaction          fare|pclass|sex_male
Gain                             2973.16
FScore                                44
wFScore                          8.92572
```

```
Average wFScore          0.202857
Average Gain             67.5719
Expected Gain            549.145
Gain Rank                      1
FScore Rank                    1
wFScore Rank                   4
Avg wFScore Rank              21
Avg Gain Rank                  3
Expected Gain Rank             2
Average Rank             5.33333
Average Tree Index       16.6591
Average Tree Depth             2
```

지면상의 제약으로 첫 번째 조합만을 출력했지만, 스프레드시트상에는
더 많은 결과가 포함되어 있다.

```
>>> pd.read_excel(
...     "fir.xlsx",
...     sheet_name="Interaction Depth 2",
... )[["Interaction", "Gain"]].head()
          Interaction         Gain
0   fare|pclass|sex_male  2973.162529
1    age|pclass|sex_male  1621.945151
2    age|sex_male|sibsp   1042.320428
3      age|fare|sex_male   366.860828
4    fare|fare|sex_male    196.224791
```

🔟.❽ LightGBM을 사용한 그래디언트 부스팅

LightGBM은 마이크로소프트가 구현한 부스팅 트리용 라이브러리다.
LightGBM은 연속적 값을 다루기 위한 샘플링 메커니즘을 사용한다.
이는 XGBoost 대비 빠른 속도로 디시전 트리를 생성할 수 있게 해주며
메모리 사용량 또한 경감시켜 준다.

또한 LightGBM은 디시전 트리의 깊이를 미리 늘린다. 이러한 특성 때문에 과적합은 `max_depth` 대신 `num_leaves` 파라미터로 제어된다 (`num_leaves`의 값은 2^(`max_depth`)보다 작아야 한다).

LightGBM 라이브러리 설치에는 컴파일러가 필요하다. 단순 pip을 이용한 설치보다 약간 더 많은 작업이 필요하다.

LightGBM는 다음과 같은 특성이 있다.

런타임 효율성

여러 CPU 코어의 활용이 가능하다. 구간 나누기(bin)를 사용하면 XGBoost보다 15배 가량 더 빠른 성능을 보인다.

데이터 전처리

범주형 특징을 정수(또는 pandas의 `Categorical` 자료형)로 인코딩해 주긴 하지만, 원-핫 인코딩 대비 AUC가 더 나쁜 것으로 나타난다.

과적합 방지

`num_leaves` 값을 낮추고 `min_child_samples` 값을 늘린다. 그리고 `min_split_gain`과 함께 `reg_alpha`(L1 정규화) 또는 `reg_lambda`(L2 정규화)를 사용하면 좋다.

결과의 해석

특징 중요도를 얻을 수 있다. 개별 디시전 트리는 약하기 때문에 해석이 어려운 경향이 있다.

다음은 LightGBM 라이브러리의 사용 예를 보여 준다.

```
>>> import lightgbm as lgb
>>> lgbm_class = lgb.LGBMClassifier(
...     random_state=42
... )
>>> lgbm_class.fit(X_train, y_train)
```

```
LGBMClassifier(boosting_type='gbdt',
  class_weight=None, colsample_bytree=1.0,
  learning_rate=0.1, max_depth=-1,
  min_child_samples=20, min_child_weight=0.001,
  min_split_gain=0.0, n_estimators=100,
  n_jobs=-1, num_leaves=31, objective=None,
  random_state=42, reg_alpha=0.0, reg_lambda=0.0,
  silent=True, subsample=1.0,
  subsample_for_bin=200000, subsample_freq=0)

>>> lgbm_class.score(X_test, y_test)
0.7964376590330788

>>> lgbm_class.predict(X.iloc[[0]])
array([1])
>>> lgbm_class.predict_proba(X.iloc[[0]])
array([[0.01637168, 0.98362832]])
```

LGBMClassifier 인스턴스는 다음과 같은 파라미터를 가진다.

boosting_type='gbdt'

    'gbdt'(그래디언트 부스팅), 'rf'(랜덤 포레스트), 'dart'(드롭아웃이 적용된 다중 가법 회귀 디시전 트리) 또는 'goss'(그래디언트 기반의 단측 샘플링) 중 하나로 설정될 수 있다.

class_weight=None

    다중 범주 분류 문제에서 각 범주별 가중치를 설정하기 위한 딕셔너리 또는 'balanced'로 설정될 수 있다. 이진 분류 문제에서는 class_weight 대신 is_unbalance 또는 scale_pos_weight 파라미터를 사용한다.

colsample_bytree=1.0

    (0, 1.0]의 범위를 가지는 각 부스팅 라운드에서 선택될 특징의 백분율

importance_type='split'

    특징 중요도의 계산 방법. 'split'은 특징이 사용된 횟수, 'gain'은 특징에 대한 분할의 총이득을 의미한다.

```
learning_rate=0.1
```
(0, 1.0]의 범위를 가지는 부스팅에 대한 학습률. 이 값이 작을수록 부스팅 라운드가 영향을 덜 받기 때문에 과적합되는 속도가 느려진다. 이 값이 작을수록 더 나은 성능을 얻을 수 있지만, 더 많은 `num_iterations`가 필요하다.

```
max_depth=-1
```
디시전 트리의 최대 깊이. -1은 제한을 두지 않는다는 의미다. 깊이가 깊을수록 더 큰 과적합이 발생한다.

```
min_child_samples=20
```
리프 노드에 필요한 최소 샘플 수. 이 값이 작을수록 더 큰 과적합이 발생한다.

```
min_child_weight=0.001
```
리프 노드에 필요한 헤시안(hessian) 합의 최솟값

```
min_split_gain=0.0
```
리프 노드 분할에 필요한 최소 손실 감소

```
n_estimators=100
```
모델을 구성하는 디시전 트리의 개수 또는 부스팅 라운드 횟수

```
n_jobs=-1
```
사용될 스레드의 개수

```
num_leaves=31
```
디시전 트리의 최대 리프 노드 수

```
objective=None
```
None으로 설정되면 이진 분류인 'binary'가 선택된다. 다중 분류를 위해서는 'multiclass'로 설정되어야 한다. 문자열 또는 함수로 설정될 수 있다.

```
random_state=42
```
난수 생성 시드

reg_alpha=0.0

L1 정규화(평균 가중치). 이 값이 클수록 더 보수적이다.

reg_lambda=0.0

L2 정규화(가중치의 제곱근). 이 값이 클수록 더 보수적이다.

silent=True

부스팅 수행 도중 상세 내용 출력의 여부를 설정한다. 다른 모델의 verbose와는 정반대로 작동한다.

subsample=1.0

다음 라운드에서 사용될 샘플의 비율

subsample_for_bin=200000

구간(bin) 생성에 필요한 샘플의 개수

subsample_freq=0

서브샘플링 빈도. 활성화를 위해서 1로 변경해야 한다.

다음은 'split'(특징이 사용된 횟수)에 기반한 특징 중요도의 예를 보여준다.

```
>>> for col, val in sorted(
...     zip(cols, lgbm_class.feature_importances_),
...     key=lambda x: x[1],
...     reverse=True,
... )[:5]:
...     print(f"{col:10}{val:10.3f}")
fare        1272.000
age         1182.000
sibsp        118.000
pclass       115.000
sex_male     110.000
```

LightGBM 라이브러리에는 특징 중요도를 시각적으로 나타내는 기능이 내장되어 있다(그림 10-8). 디폴트는 특징이 사용된 횟수인 'split'에 기반하지만, 원한다면 importance_type 파라미터의 값을 'gain'으로 변경할 수도 있다.

```
>>> fig, ax = plt.subplots(figsize=(6, 4))
>>> lgb.plot_importance(lgbm_class, ax=ax)
>>> fig.tight_layout()
>>> fig.savefig("images/mlpr_1008.png", dpi=300)
```

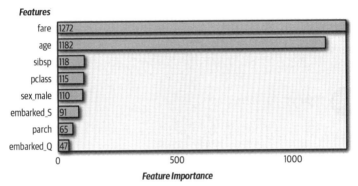

그림 10-8 LightGBM의 특징 중요도

주의사항

엘로브릭의 현재 버전 0.9에서는 LightGBM의 특징 중요도 그래프 생성을 지원하지 않는다.

디시전 트리 또한 만들 수 있다(그림 10-9).

```
>>> fig, ax = plt.subplots(figsize=(6, 4))
>>> lgb.plot_tree(lgbm_class, tree_index=0, ax=ax)
>>> fig.savefig("images/mlpr_1009.png", dpi=300)
```

그림 10-9 LightGBM 트리

유용한 정보

주피터 노트북을 사용하는 경우, 다음의 명령어로 트리를 출력할 수 있다.

```
lgb.create_tree_digraph(lgbm_class)
```

10.9 TPOT

TPOT[10]는 유전 알고리즘을 사용하여 다양한 모델과 앙상블을 시도한다. 여러 모델 및 전처리 단계, 각 모델별 하이퍼파라미터 및 앙상블에 대한 설정 등에 따라 수 시간에서 수 일까지 걸리는 작업이 될 수도 있다. 일반적인 컴퓨터에서는 한 세대generation가 실행되는 데 5분 이상이 소요된다.

TPOT는 다음과 같은 특성이 있다.

런타임 효율성

수 시간에서 수 일까지 걸릴 수 있다. n_jobs=-1 설정을 통해 CPU의 모든 코어를 활용할 수 있다.

데이터 전처리

NaN(누락된 데이터) 및 범주형 데이터를 제거해야 한다.

과적합 방지

과적합을 최소화하기 위해서 교차 검증을 사용하는 것이 이상적이다.

---

10 https://oreil.ly/NFJvl

결과의 해석

결과에 따라 다르다.

다음 코드는 라이브러리의 사용 예를 보여 준다.

```
>>> from tpot import TPOTClassifier
>>> tc = TPOTClassifier(generations=2)
>>> tc.fit(X_train, y_train)
>>> tc.score(X_test, y_test)
0.7888040712468194

>>> tc.predict(X.iloc[[0]])
array([1])
>>> tc.predict_proba(X.iloc[[0]])
array([[0.07449919, 0.92550081]])
```

TPOTClassifier 인스턴스는 다음과 같은 파라미터를 가진다.

generations=100
　　실행의 반복 횟수(세대 수)

population_size=100
　　유전 프로그래밍을 위한 모집단 크기. 이 값이 클수록 성능이 좋지
　　만 더 많은 시간과 메모리가 필요하다.

offspring_size=None
　　각 세대가 생성할 자손(샘플)의 수. 디폴트로는 population_size가
　　사용된다.

mutation_rate=.9
　　알고리즘의 돌연변이율. [0, 1] 범위의 값이며 디폴트는 0.9다.

crossover_rate=.1
　　교배율(한 세대당 번식할 파이프라인의 개수). [0, 1] 범위의 값이며 디폴
　　트는 0.1이다.

```
scoring='accuracy'
```
점수를 매기는 방식. 사이킷런에서와 동일한 문자열을 사용한다.

```
cv=5
```
교차 검증의 겹(fold) 수

```
subsample=1
```
학습에 사용될 샘플의 비율. [0, 1] 범위의 값이며 디폴트는 1이다.

```
n_jobs=1
```
사용될 CPU의 코어 수, 모든 코어를 사용하려면 -1로 설정한다.

```
max_time_mins=None
```
최대 실행 시간 (분)

```
max_eval_time_mins=5
```
단일 파이프라인 평가에 할애된 최대 시간 (분)

```
random_state=None
```
난수 생성 시드

```
config_dict
```
최적화를 위한 설정 옵션

```
warm_start=False
```
이전에 수행된 .fit 결과의 재사용 여부

```
memory=None
```
파이프라인의 캐싱 여부. 'auto' 또는 디렉터리 경로로 설정될 수 있다.

```
use_dask=False
```
dask의 사용 여부

```
periodic_checkpoint_folder=None
```
주기적으로 최상의 파이프라인이 저장될 디렉터리 경로

```
early_stop=None
```
아무런 향상도 없이 여기서 지정된 세대만큼이 수행되는 경우 진행을 종료한다.

verbosity=0

1은 최소의 정보만, 2는 많은 정보를, 3은 모든 정보를 출력하며, 0
은 아무런 정보도 출력하지 않는다. 2 이상의 값으로 설정된 경우
프로그레스 바_{progress bar}가 함께 나타난다.

disable_update_check=False

버전 확인 여부

속성:

evaluated_individuals_

평가된 모든 파이프라인의 정보가 담긴 딕셔너리 자료형

fitted_pipeline_

최고의 파이프라인

완료된 후 파이프라인 소스 코드를 생성해 파일로 저장할 수 있다.

```
>>> tc.export("tpot_exported_pipeline.py")
```

생성된 소스 코드를 확인하면 다음과 같은 형태를 띤다.

```
import numpy as np
import pandas as pd
from sklearn.ensemble import ExtraTreesClassifier
from sklearn.model_selection import
    train_test_split
from sklearn.pipeline import make_pipeline, \
    make_union
from sklearn.preprocessing import Normalizer
from tpot.builtins import StackingEstimator

# NOTE: Make sure that the class is labeled
# 'target' in the data file
tpot_data = pd.read_csv('PATH/TO/DATA/FILE',
    sep='COLUMN_SEPARATOR', dtype=np.float64)
```

```python
features = tpot_data.drop('target', axis=1).values
training_features, testing_features, \
    training_target, testing_target = \
    train_test_split(features,
        tpot_data['target'].values, random_state=42)

# Score on the training set was:0.8122535043953432
exported_pipeline = make_pipeline(
  Normalizer(norm="max"),
  StackingEstimator(
    estimator=ExtraTreesClassifier(bootstrap=True,
      criterion="gini", max_features=0.85,
      min_samples_leaf=2, min_samples_split=19,
      n_estimators=100)),
  ExtraTreesClassifier(bootstrap=False,
      criterion="entropy", max_features=0.3,
      min_samples_leaf=13, min_samples_split=9,
      n_estimators=100)
)

exported_pipeline.fit(training_features,
  training_target)
results = exported_pipeline.predict(
  testing_features)
```

CHAPTER

11

모델 선택

이 장은 하이퍼파라미터 최적화를 다룬다. 또한 모델의 성능 개선에 더 많은 데이터가 필요한지에 대한 문제도 살펴본다.

11.1 검증 곡선

적절한 하이퍼파라미터 값을 결정하는 한 가지 방법은 검증 곡선validation curve을 그려 보는 것이다. 검증 곡선은 하이퍼파라미터의 값 변화에 따른 모델의 성능을 학습 및 검증용 데이터에 대해 모두 보여 주는 도표다 (그림 11-1). 검증용 데이터셋에 대한 점수는 아직 보지 못한 데이터에 모델이 반응하는 정도를 유추할 수 있게 해준다. 일반적으로 검증용 데이터셋에 대한 점수를 최대화하는 하이퍼파라미터를 선택한다.

다음은 옐로브릭을 사용해서 max_depth 하이퍼파라미터의 값 변경에 따라 랜덤 포레스트 모델의 성능이 어떻게 바뀌는지 알아보는 예제다. 사이킷런 모델은 scoring이란 파라미터를 통해 평가 지표를 설정할 수 있다(분류의 디폴트 값은 'accuracy').

n_jobs 파라미터를 사용하면 여러 CPU 코어를 활용하여 빠른 실행이 가능하다. 이 값을 -1로 설정하면 시스템의 모든 CPU 코어를 활용한다.

```
>>> from yellowbrick.model_selection import (
...     ValidationCurve,
... )
>>> fig, ax = plt.subplots(figsize=(6, 4))
>>> vc_viz = ValidationCurve(
...     RandomForestClassifier(n_estimators=100),
...     param_name="max_depth",
...     param_range=np.arange(1, 11),
...     cv=10,
...     n_jobs=-1,
... )
>>> vc_viz.fit(X, y)
>>> vc_viz.poof()
>>> fig.savefig("images/mlpr_1101.png", dpi=300)
```

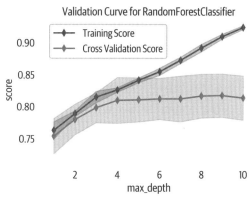

그림 11-1 검증 곡선

ValidationCurve 클래스는 scoring 파라미터를 지원한다. 이 파라미터에는 사용자 정의 함수 또는 다음에 나열된 것 중 적절한 것을 작업에 따라 선택한다.

분류에 대한 scoring으로는 'accuracy', 'average_precision', 'f1', 'f1_micro', 'f1_macro', 'f1_weighted', 'f1_samples', 'neg_log_loss', 'precision', 'recall', 'roc_auc'가 있다.

클러스터링에 대한 scoring으로는 'adjusted_mutual_info_score', 'adjusted_rand_score', 'completeness_score', 'fowlkesmallows_score', 'homogeneity_score', 'mutual_info_score', 'normalized_mutual_info_score', 'v_measure_score'가 있다.

회귀에 대한 scoring으로는 'explained_variance', 'neg_mean_absolute_error', 'neg_mean_squared_error', 'neg_mean_squared_log_error', 'neg_median_absolute_error', 'r2'가 있다.

11.2 학습 곡선

프로젝트에 가장 적합한 모델을 고르기 위해서 어느 정도의 데이터가 필요할까? 학습 곡선learning curve은 이 질문에 도움을 줄 수 있다. 학습 곡선은 샘플 수를 늘려가며 모델의 학습 및 교차 검증 점수에 대한 그래프를 그린다. 예를 들어, 교차 검증 점수가 계속해서 커진다면 이는 보다 많은 데이터가 모델의 성능을 향상시킬 수 있다는 신호가 될 수 있다.

다음은 모델의 편향과 분산을 탐구하는 데 도움을 주는 학습 곡선을 그리는 코드의 예다(그림 11-2). 학습 점수에 변동이 있다면(크게 음영 처리된 부분) 모델은 편향 오류에 빠진 것이다. 즉, 모델이 너무 간단해 희소 적합된 경우다. 반면, 교차 검증 점수에 변동이 있다면 모델은 분산 오류에 빠진 것이다. 즉, 모델이 너무 복잡하여 과적합된 경우다. 모델의 과적합은 검증용 데이터셋에 대한 성능이 학습용 데이터셋보다 현저히 낮은 경우에도 포착될 수 있다.

다음은 옐로브릭으로 학습 곡선을 그리는 코드다.

```
>>> from yellowbrick.model_selection import (
...     LearningCurve,
... )
>>> fig, ax = plt.subplots(figsize=(6, 4))
>>> lc3_viz = LearningCurve(
...     RandomForestClassifier(n_estimators=100),
...     cv=10,
... )
>>> lc3_viz.fit(X, y)
>>> lc3_viz.poof()
>>> fig.savefig("images/mlpr_1102.png", dpi=300)
```

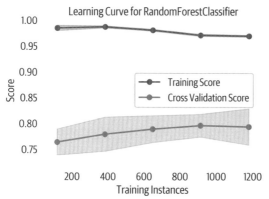

그림 11-2 학습 곡선 그래프. 평평하게 유지되는 검증 점수는 데이터를 더 추가해도 모델의 개선이 불가능함을 나타낸다.

이 시각화는 scoring 파라미터를 바꾸어 회귀나 클러스터링에서도 사용될 수 있다.

12

분류용 평가 지표로 평가하기

이 장은 오차 행렬, 다양한 평가 지표, 분류 보고서, 일부 시각화 등 평가용 도구에 대한 내용을 다룬다.

평가 대상은 타이타닉 데이터로부터 승객의 생존 여부를 예측하도록 설계된 디시전 트리 모델이다.

12.1 오차 행렬

오차 행렬은 분류 모델의 성능 이해에 유용하다.

이진 분류 모델에는 참 양성True Positive, TP, 참 음성True Negative, TN, 거짓 양성False Positive, FP, 거짓 음성False Negative, FN이란 네 가지 분류 결과를 가진다. 그중 처음 2개가 올바른 분류에 대한 것이다.

나머지 2개의 뜻을 살펴보기 위해서 양성과 음성이 임신 여부를 뜻한다고 가정해 보자. 거짓 양성은 남자가 임신했다고 주장하는 것이며, 거짓 음성은 (실제로 임신했지만) 임신한 여성이 임신하지 않았다고 주장하는 것이다(그림 12-1). 이 두 종류의 오류는 보통 **타입1**과 **타입2** 오류라고도 한다(표 12-1).

이 둘을 기억하는 또 다른 방법은 알파벳의 모양을 활용하는 것이다. 거짓 양성Positive에 포함된 알파벳 P에는 하나의 수직선이 있고(타입1 오류), 거짓 음성Negative에 포함된 알파벳 N에는 2개의 수직선이 있다(타입2 오류).

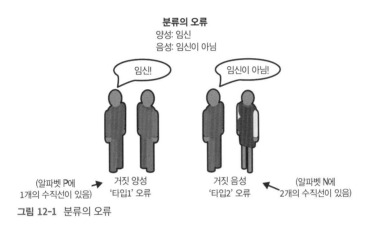

분류의 오류
양성: 임신
음성: 임신이 아님

그림 12-1 분류의 오류

표 12-1 이진 분류 모델은 다음의 오차 행렬을 형성한다

실제	예측 음성	예측 양성
실제 음성	참 음성	거짓 양성(타입1)
실제 양성	거짓 음성(타입2)	참 양성

다음은 pandas를 사용하여 분류 결과를 계산하는 코드다. 함께 표기된 주석이 결괏값을 보여 준다. 이후 여기서 정의된 변수를 사용해서 다른 평가 지표도 계산한다.

```
>>> y_predict = dt.predict(X_test)
>>> tp = (
```

```
...      (y_test == 1) & (y_test == y_predict)
... ).sum() # 123
>>> tn = (
...      (y_test == 0) & (y_test == y_predict)
... ).sum() # 199
>>> fp = (
...      (y_test == 0) & (y_test != y_predict)
... ).sum() # 25
>>> fn = (
...      (y_test == 1) & (y_test != y_predict)
... ).sum() # 46
```

잘 작동하는 분류 모델의 이상적인 상태는 좌상향 대각선이 높은 숫자를 가지는 것이다. 사이킷런의 confusion_matrix 함수로 이를 표현하는 DataFrame을 생성할 수 있다.

```
>>> from sklearn.metrics import confusion_matrix
>>> y_predict = dt.predict(X_test)
>>> pd.DataFrame(
...      confusion_matrix(y_test, y_predict),
...      columns=[
...          "Predict died",
...          "Predict Survive",
...      ],
...      index=["True Death", "True Survive"],
... )
              Predict died  Predict Survive
True Death             199               25
True Survive            46              123
```

옐로브릭에는 오차 행렬을 그리는 기능이 포함되어 있다(그림 12-2).

```
>>> import matplotlib.pyplot as plt
>>> from yellowbrick.classifier import (
...      ConfusionMatrix,
... )
>>> mapping = {0: "died", 1: "survived"}
```

```
>>> fig, ax = plt.subplots(figsize=(6, 6))
>>> cm_viz = ConfusionMatrix(
...     dt,
...     classes=["died", "survived"],
...     label_encoder=mapping,
... )
>>> cm_viz.score(X_test, y_test)
>>> cm_viz.poof()
>>> fig.savefig("images/mlpr_1202.png", dpi=300)
```

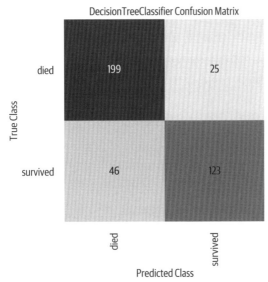

그림 12-2 오차 행렬. 좌측 상단, 우측 하단은 올바르게 분류된 경우를, 좌측 하단은 거짓 음성을, 우측 상단은 거짓 양성을 나타낸다.

12.2 평가 지표

sklearn.metrics 모듈은 일반적으로 사용되는 여러 분류용 평가 지표를 구현한다. 다음은 그중 일부를 나열한 것이다.

'accuracy'

올바르게 예측된 백분율

'average_precision'

정밀도 대 재현율 곡선 요약

'f1'

정밀도와 재현율의 조화 평균

'neg_log_loss'

크로스 엔트로피 또는 로지스틱 손실(모델이 predict_proba를 지원해야만 함)

'precision'

오직 관련된 샘플만 찾을 수 있는 능력(음성을 양성으로 레이블링하지 않음)

'recall'

모든 양성 샘플을 찾아내는 능력

'roc_auc'

수신자 조작 특성Receiver Operator Characteristic, ROC 곡선의 아래 영역

위에 나열된 문자열은 격자 탐색 시 scoring 파라미터 값으로 사용될 수 있다. 또한 문자열 대신 문자열에 _score를 붙인 이름의 함수를 사용할 수도 있다. 이 함수들은 sklearn.metrics 모듈에 정의되어 있다. 다음 참고 사항을 읽어 보자.

'f1', 'filency', 'filency' 모두 다중 범주 분류 모델에 대해 다음과 같은 접미사를 지원한다.

'_micro'

전체적으로 가중된 평가 지표 평균

'_macro'

가중되지 않은 평가 지표 평균

'_weighted'

다중 범주의 가중된 평가 지표 평균

'_samples'

샘플별 평가 지표

12.3 정확도

정확도는 올바르게 분류된 백분율이다.

```
>>> (tp + tn) / (tp + tn + fp + fn)
0.8142493638676844
```

좋은 정확도란 무엇일까? 경우에 따라 다르다. 사기꾼을 예측한다면(희귀한 사건으로, 보통 1만 분의 1 수준) 사기꾼이 아님을 예측하여 높은 정확도를 얻을 수도 있다. 하지만 이 모델은 별로 유용하지 않다. 다른 평가 지표 및 거짓 양성, 거짓 음성에 대한 예측 비용을 살펴보면 모델의 적절성 판단에 도움이 된다.

사이킷런을 사용하여 이를 계산할 수 있다.

```
>>> from sklearn.metrics import accuracy_score
>>> y_predict = dt.predict(X_test)
>>> accuracy_score(y_test, y_predict)
```

```
0.8142493638676844
```

12.4 재현율

재현율(또는 민감도)은 양성을 올바르게 분류한 백분율이다. 즉 실제 양성을 모델이 양성으로 예측한 비율이다.

```
>>> tp / (tp + fn)
0.7159763313609467

>>> from sklearn.metrics import recall_score
>>> y_predict = dt.predict(X_test)
>>> recall_score(y_test, y_predict)
0.7159763313609467
```

12.5 정밀도

정밀도는 분류된 양성의 올바른 백분율이다. 즉 모델이 양성으로 예측한 것이 실제로도 양성인 경우의 비율이다(TP를 (TP+FP)로 나눈 것).

```
>>> tp / (tp + fp)
0.8287671232876712

>>> from sklearn.metrics import precision_score
>>> y_predict = dt.predict(X_test)
>>> precision_score(y_test, y_predict)
0.8287671232876712
```

12.6 F1

F1은 재현율과 정밀도에 대한 조화 평균이다.

```
>>> pre = tp / (tp + fp)
>>> rec = tp / (tp + fn)
>>> (2 * pre * rec) / (pre + rec)
0.7682539682539683

>>> from sklearn.metrics import f1_score
>>> y_predict = dt.predict(X_test)
>>> f1_score(y_test, y_predict)
0.7682539682539683
```

12.7 분류 보고서

옐로브릭에는 정밀도, 재현율, 양성 및 음성 값에 대한 f1 점수를 보여
주는 분류 보고서 기능이 있다(그림 12-3). 셀cell의 색이 붉을수록(1에 가
까울수록), 더 나은 점수를 뜻한다.

```
>>> import matplotlib.pyplot as plt
>>> from yellowbrick.classifier import (
...     ClassificationReport,
... )
>>> fig, ax = plt.subplots(figsize=(6, 3))
>>> cm_viz = ClassificationReport(
...     dt,
...     classes=["died", "survived"],
...     label_encoder=mapping,
... )
>>> cm_viz.score(X_test, y_test)
>>> cm_viz.poof()
>>> fig.savefig("images/mlpr_1203.png", dpi=300)
```

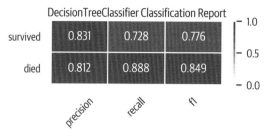

그림 12-3 분류 보고서

12.8 ROC

ROC 곡선은 거짓 양성률(역특이도) 변화에 따른 참 양성률(재현율/민감도)을 추적하여 분류 모델의 성능을 묘사한다(그림 12-4).

일반적으로 좌측 상단 모서리 부분으로 그래프가 튀어나올수록 좋다. 다른 그래프와 비교해서 보다 좌측 상단에 위치한 그래프가 더 나은 성능을 가졌다고 해석할 수 있다. 그리고 이 도표에 표시된 대각선은 무작위로 추측하는 분류 모델의 성능에 대한 기준이다. 이로부터 AUC를 계산하면 성능 평가용 지표를 얻을 수 있다.

```
>>> from sklearn.metrics import roc_auc_score
>>> y_predict = dt.predict(X_test)
>>> roc_auc_score(y_test, y_predict)
0.8706304346418559
```

다음은 옐로브릭으로 ROC 도표를 그리는 코드다.

```
>>> from yellowbrick.classifier import ROCAUC
>>> fig, ax = plt.subplots(figsize=(6, 6))
>>> roc_viz = ROCAUC(dt)
>>> roc_viz.score(X_test, y_test)
0.8706304346418559
```

```
>>> roc_viz.poof()
>>> fig.savefig("images/mlpr_1204.png", dpi=300)
```

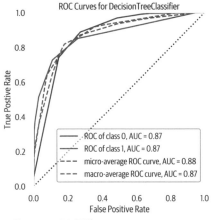

그림 12-4 ROC 곡선

12.9 정밀도-재현율 곡선

ROC 곡선은 불균형 범주의 문제를 지나치게 낙관적으로 바라보게 만들지도 모른다. 분류 모델을 평가하는 또 다른 방법은 정밀도-재현율 곡선precision-recall curve을 사용하는 것이다(그림 12-5). 분류란 쓸모없는 결과를 제한하면서(정밀도) 필요한 모든 것을 찾는(재현율) 균형 잡힌 행동이다. 그리고 이 둘 사이에는 보통 트레이드오프가 존재한다. 재현율이 올라가면 정밀도는 떨어지고, 그 반대의 경우도 마찬가지다.

```
>>> from sklearn.metrics import (
...     average_precision_score,
... )
>>> y_predict = dt.predict(X_test)
>>> average_precision_score(y_test, y_predict)
```

```
0.7155150490642249
```

옐로브릭으로 정밀도-재현율 곡선은 다음과 같이 그릴 수 있다.

```
>>> from yellowbrick.classifier import (
...     PrecisionRecallCurve,
... )
>>> fig, ax = plt.subplots(figsize=(6, 4))
>>> viz = PrecisionRecallCurve(
...     DecisionTreeClassifier(max_depth=3)
... )
>>> viz.fit(X_train, y_train)
>>> print(viz.score(X_test, y_test))
>>> viz.poof()
>>> fig.savefig("images/mlpr_1205.png", dpi=300)
```

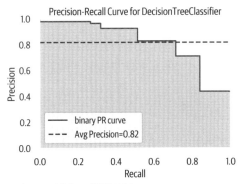

그림 12-5 정밀도-재현율 곡선

12.10 누적 이득 도표

이진 분류 모델 평가에 사용될 수 있는 누적 이득cumulative gains은 참 양
성률(민감도) 대 지지율support rate(양성 예측의 일부)을 모델링한다. 이 도표
가 가진 직관은 예측된 확률로 모든 분류를 정렬한다는 데 있다. 양성 예

측과 음성 예측이 깔끔하게 분리되는 것이 이상적인 형태다. 만약 예측의 첫 10%가 30%의 양성 예측 샘플을 가진다면 (0,0)에서 (.1, .3)으로의 그래프를 그린다. 이 과정을 모든 샘플에 대해 계속해서 진행한다(그림 12-6).

누적 이득 도표는 고객의 반응을 결정하는 데 일반적으로 사용된다. 누적 이득 곡선은 x축을 따라 예측된 양성률을 그리고, y축을 따라 민감도 또는 참 양성률을 그린다. x축은 '샘플의 비율', y축은 '이득'으로 표기되어 있다.

y축의 0.9 지점부터 곡선을 만날 때까지 우측으로 추적하면 응답한 고객의 90%에 연락할 수 있다. 그 곡선을 만난 지점의 x축은 90%에 도달하기 위해 연락(지원)을 취해야 할 총 고객의 수를 표시한다.

한편 여기서 다루는 예는 응답할 고객에 연락을 취하는 것이 아니라 타이타닉 데이터셋으로부터 생존 여부를 예측하는 것이다. 타이타닉의 모든 승객을 모델이 제시한 생존 가능성에 따라 순서대로 줄지워 세웠을 때 그중 처음 65% 승객의 90%가 생존자가 될 것이다. 연락당 관련 비용, 응답당 관련 수익과 같은 어떤 목적치가 있다면 가장 적합한 수치를 계산할 수 있다.

일반적으로 다른 모델 대비 왼쪽에 위치한 모델이 더 나은 것이다. 가장 좋은 모델은 그래프의 최상단까지 도달한 후(10%의 샘플이 양성인 경우 (.1, 1)의 위치로 도달할 것이다) 오른쪽까지 이어지는 선을 가진 것이다. 모델의 선이 베이스라인보다 낮다면 무작위로 할당된 레이블이 더 성능이 좋다고 볼 수 있다.

다음은 scikit-plot 라이브러리[1]를 사용하여 누적 이득 도표를 그리는 방법이다.

---

1 https://oreil.ly/dg0iQ

```
>>> fig, ax = plt.subplots(figsize=(6, 6))
>>> y_probas = dt.predict_proba(X_test)
>>> scikitplot.metrics.plot_cumulative_gain(
...     y_test, y_probas, ax=ax
... )
>>> fig.savefig(
...     "images/mlpr_1206.png",
...     dpi=300,
...     bbox_inches="tight",
... )
```

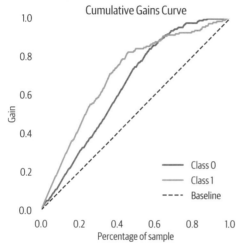

그림 12-6 누적 이득 도표. 모델이 예측한 생존 확률에 따라 타이타닉의 탑승객을 일렬로 정렬하여 줄세운다면, 그중 처음 20%의 탑승객에는 40%의 생존자가 있을 것이다.

12.11 리프트 곡선

리프트 곡선lift curve은 누적 이득 도표의 정보를 보는 또 다른 방법이다. **리프트**는 베이스라인 모델보다 얼마나 더 잘 하고 있는지를 나타낸다. 다음의 도표에서 타이타닉 승객을 생존 확률에 따라 정렬하면, 처음

20%를 조사해 보면 무작위로 선택한 생존자보다 리프트가 약 2.2배(이득을 표본 백분율로 나눈것)가 더 낫다는 것을 알 수 있다(그림 12-7). (2.2배 가량의 생존자를 얻을 것이다.)

다음은 scikit-plot 라이브러리로 리프트 곡선을 그리는 방법을 보여 준다.

```
>>> fig, ax = plt.subplots(figsize=(6, 6))
>>> y_probas = dt.predict_proba(X_test)
>>> scikitplot.metrics.plot_lift_curve(
...     y_test, y_probas, ax=ax
... )
>>> fig.savefig(
...     "images/mlpr_1207.png",
...     dpi=300,
...     bbox_inches="tight",
... )
```

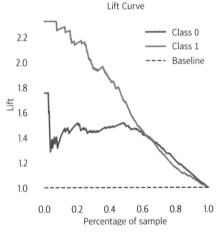

그림 12-7 리프트 곡선

12.12 범주의 균형

옐로브릭 라이브러리는 범주의 크기를 확인할 수 있는 간단한 막대그래프를 제공한다. 범주의 크기가 상대적으로 다른 경우, 정확도는 좋은 평가 지표가 될 수 없다(그림 12-8). 데이터를 학습과 테스트용 데이터셋으로 분리할 때는 **층화 표집**stratified sampling을 사용하여 범주별 상대적인 비율을 유지한다(train_test_split 함수의 stratify 파라미터를 설정하여 이를 수행할 수 있다).

```
>>> from yellowbrick.classifier import ClassBalance
>>> fig, ax = plt.subplots(figsize=(6, 6))
>>> cb_viz = ClassBalance(
...     labels=["Died", "Survived"]
... )
>>> cb_viz.fit(y_test)
>>> cb_viz.poof()
>>> fig.savefig("images/mlpr_1208.png", dpi=300)
```

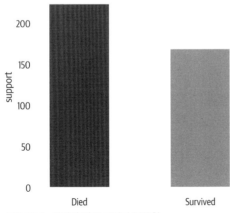

그림 12-8 약간의 범주 크기의 불균형

12.13 범주 예측 오류

옐로브릭 라이브러리로 그린 범주 예측 오류 도표_{class prediction error plot}
는 오차 행렬을 막대그래프 형태로 시각화한다(그림 12-9).

```
>>> from yellowbrick.classifier import (
...     ClassPredictionError,
... )
>>> fig, ax = plt.subplots(figsize=(6, 3))
>>> cpe_viz = ClassPredictionError(
...     dt, classes=["died", "survived"]
... )
>>> cpe_viz.score(X_test, y_test)
>>> cpe_viz.poof()
>>> fig.savefig("images/mlpr_1209.png", dpi=300)
```

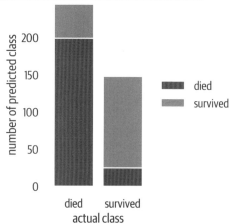

그림 12-9 범주 예측 오류 도표. 좌측 막대그래프의 상단은 실제로는 죽었지만 모델
이 생존했다고 예측한 경우를 보여 준다(거짓 양성). 우측 막대그래프의 하단은 실제로
는 생존했지만 모델이 죽었다고 예측한 경우를 보여 준다(거짓 음성).

12.14 차별 임계치

예측으로 확률값을 내놓는 대부분의 이진 분류 모델은 50%의 **차별 임계치**discrimination threshold를 갖는다. 예측된 확률이 50% 이상이면 분류 모델은 해당 샘플을 양성으로 표시한다. 그림 12-10은 그 임계치를 0과 100 사이로 바꾼 다음 정밀도, 재현율, F1, 대기열 속도queue rate에 미치는 영향을 보여 준다.

그림 12-10과 같은 도표는 정밀도와 재현율 사이의 트레이드오프를 확인할 수 있어서 유용하다. 사기꾼을 찾는 상황을 가정해 보자(그리고 사기꾼임을 양성이라고 고려하자). (모든 사기꾼을 잡는) 높은 재현율을 얻기 위해서는 생각할 것 없이 모든 샘플을 사기꾼이라고 분류해 버리면 된다. 하지만 은행에서 이렇게 분류하는 것은 유익하지 않으며 많은 노동자들이 필요할 것이다. (사기꾼만 사기꾼이라고 잡는) 높은 정밀도를 얻기 위해서는 극단적인 사기 사건에서만 작동하는 모델이 있으면 된다. 하지만 명확해 보이지 않는 여러 사기 사건을 놓칠 것이다. 보다시피 트레이드오프 상황이 존재한다.

대기열 속도queue rate는 임계치를 뛰어넘는 예측의 백분율이다. 검토해야 하는 사기꾼으로 분류된 샘플의 백분율이라고 생각해 볼 수 있다.

양성, 음성, 잘못된 계산에 따른 비용이 발생한다면 이 비용을 고려하여 임계치를 설정할 수 있다.

다음의 도표는 F1 점수를 최대화, 대기열 속도와 결합된 정밀도 또는 재현율을 허용 가능한 숫자로 조정하는 차별 임계치의 확인에 유용하다.

옐로브릭 라이브러리에서 이 시각화 기능을 제공한다. 이 기능은 검증용 데이터셋의 10%를 사용하며, 데이터를 뒤섞고 디폴트로 50번 시도한다.

```
>>> from yellowbrick.classifier import (
...     DiscriminationThreshold,
... )
>>> fig, ax = plt.subplots(figsize=(6, 5))
>>> dt_viz = DiscriminationThreshold(dt)
>>> dt_viz.fit(X, y)
>>> dt_viz.poof()
>>> fig.savefig("images/mlpr_1210.png", dpi=300)
```

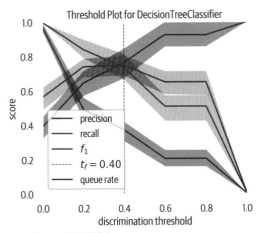

그림 12-10 차별 임계치

13

모델 설명

서로 다른 예측 모델은 서로 다른 속성을 가진다. 일부는 선형적 데이터를 다루도록, 또 다른 일부는 보다 복잡한 입력에 대응할 수 있도록 설계되었다. 일부 모델은 매우 쉽게 해석 가능하지만, 어떤 것들은 블랙박스와도 같아서 예측이 수행된 경위에 대해 많은 통찰력을 제공하지 못한다.

13장은 타이타닉 데이터를 사용한 예제로 다양한 모델 해석 방법을 살펴본다.

```
>>> dt = DecisionTreeClassifier(
...     random_state=42, max_depth=3
... )
>>> dt.fit(X_train, y_train)
```

13.1 회귀 계수

절편 및 회귀 계수는 기댓값을 설명하며, 특징이 예측에 미치는 영향 또한 설명한다. 양의 계수는 특징 값이 증가함에 따라 예측도 증가한다는 것을 의미한다.

13.2 특징 중요도

scikit-learn 라이브러리가 제공하는 트리 기반 모델에는 .feature_
importances_ 속성이 있다. 이 속성은 데이터셋의 특징이 모델에 미친
영향을 파악할 수 있게 해준다. 이 속성을 직접 해석해 보거나 그래프
로 그려볼 수 있다.

13.3 LIME

LIME[1]은 블랙박스 모델을 설명하는 데 유용한 라이브러리다. 전반적인
해석 보다는 **국소적**local인 해석을 수행하며, 단일 샘플의 설명에 유용하다.

주어진 단일 샘플에 대하여 LIME은 도출된 예측 결과에 중요하게 작
용한 특징을 나타낸다. LIME의 동작 방식은 샘플 데이터의 구성을 무
작위로 바꾼 다음, 그 데이터를 선형 모델에 적합시키는 것이다. 그러면
선형 모델은 해당 샘플에 가까운 모델을 근사하게 된다(그림 13-1).

다음은 학습용 데이터셋의 마지막 샘플을 해석하는 예다(디시전 트리는
이 샘플에 대해 생존을 예측하였다).

```
>>> from lime import lime_tabular
>>> explainer = lime_tabular.LimeTabularExplainer(
...     X_train.values,
...     feature_names=X.columns,
...     class_names=["died", "survived"],
... )
>>> exp = explainer.explain_instance(
...     X_train.iloc[-1].values, dt.predict_proba
... )
```

---

1 https://oreil.ly/shCR

LIME은 입력으로 DataFrame의 사용을 권장하지 않는다. 상기 코드에서 .values로 DataFrame을 numpy 배열로 바꾼 이유다.

유용한 정보

주피터에서 이 작업을 수행한다면 다음 코드를 사용하자.

exp.show_in_properties

그러면 해석 결과를 HTML 형식으로 출력해 준다.

matplotlib을 사용하면 주피터를 사용하지 않거나 주피터를 사용하더라도 해석 결과를 외부 파일로 내보낼 수 있다.

```
>>> fig = exp.as_pyplot_figure()
>>> fig.tight_layout()
>>> fig.savefig("images/mlpr_1301.png")
```

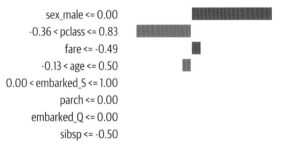

그림 13-1 타이타닉 데이터셋에 대한 LIME의 해석. 샘플 예측을 오른쪽(생존) 또는 왼쪽(사망)으로 만드는 특징들을 보여 준다.

샘플의 성별이 바뀌면 결과가 영향을 받는다는 것을 확인하는 등 다양한 시도를 해보자. 다음은 학습용 데이터셋의 마지막에서 두 번째 샘플을 사용한 경우에 대한 예제다. 이 샘플은 48%의 사망률, 52% 생존율

로 예측된다. 이때 해당 샘플의 성별을 임의로 바꿔 주면 예측의 결과
가 88%의 사망률로 바뀜을 알 수 있다.

```
>>> data = X_train.iloc[-2].values.copy()
>>> dt.predict_proba(
...     [data]
... ) # 여성의 생존을 예측
[[0.48062016 0.51937984]]
>>> data[5] = 1 # 성별을 남성으로 변경
>>> dt.predict_proba([data])
array([[0.87954545, 0.12045455]])
```

.predict_proba 메서드는 각 레이블에 대한 확률을 반환한다.

13.4 트리 기반 모델의 해석

사이킷런의 트리 기반 모델(디시전 트리, 랜덤 포레스트, 엑스트라 트리 모델)
에 대해서 treeinterpreter 패키지[2]를 활용할 수 있다. 이 패키지는 편향
및 각 특징의 기여도를 계산한다. 여기서 편향이란 학습용 데이터셋의
평균을 말한다.

각 특징 기여도는 특징이 각 레이블에 기여한 정도로 구성된 목록으로
구성된다(편향과 기여도를 더하면 예측이 된다). 지금은 이진 분류 문제를
다루므로 단 2개의 레이블만 존재한다. 다음 코드 결과에 따르면 sex_
male이 가장 중요하고, age와 fare가 그 뒤를 따른다.

```
>>> from treeinterpreter import (
...     treeinterpreter as ti,
```

---

2 https://oreil.ly/vN1Bl

```
... )
>>> instances = X.iloc[:2]
>>> prediction, bias, contribs = ti.predict(
...     rf5, instances
... )
>>> i = 0
>>> print("Instance", i)
>>> print("Prediction", prediction[i])
>>> print("Bias (trainset mean)", bias[i])
>>> print("Feature contributions:")
>>> for c, feature in zip(
...     contribs[i], instances.columns
... ):
...     print(" {} {}".format(feature, c))
Instance 0
Prediction [0.98571429 0.01428571]
Bias (trainset mean) [0.63984716 0.36015284]
Feature contributions:
  pclass [ 0.03588478 -0.03588478]
  age [ 0.08569306 -0.08569306]
  sibsp [ 0.01024538 -0.01024538]
  parch [ 0.0100742 -0.0100742]
  fare [ 0.06850243 -0.06850243]
  sex_male [ 0.12000073 -0.12000073]
  embarked_Q [ 0.0026364 -0.0026364]
  embarked_S [ 0.01283015 -0.01283015]
```

이 예제는 분류에 대한 것을 보여 주지만, 회귀 또한 지원된다.

13.5 부분 의존성 도표

트리의 특징 중요도를 통해서 특징이 결과에 영향을 미친다는 것을 알
수 있다. 하지만 특징의 값 변화에 따른 그 영향의 변화 정도는 알 수
없다. 부분 의존성 도표는 하나의 특징의 변화에 따른 결과의 변화 간

관계를 시각화해 준다. 여기서는 pdpbox[3]를 사용하여 age가 생존에 미치는 영향을 시각화한다(그림 13-2).

여기서 사용할 모델은 랜덤 포레스트다.

```
>>> rf5 = ensemble.RandomForestClassifier(
...     **{
...         "max_features": "auto",
...         "min_samples_leaf": 0.1,
...         "n_estimators": 200,
...         "random_state": 42,
...     }
... )
>>> rf5.fit(X_train, y_train)

>>> from pdpbox import pdp
>>> feat_name = "age"
>>> p = pdp.pdp_isolate(
...     rf5, X, X.columns, feat_name
... )
>>> fig, _ = pdp.pdp_plot(
...     p, feat_name, plot_lines=True
... )
>>> fig.savefig("images/mlpr_1302.png", dpi=300)
```

---

3 https://oreil.ly/O9zY2

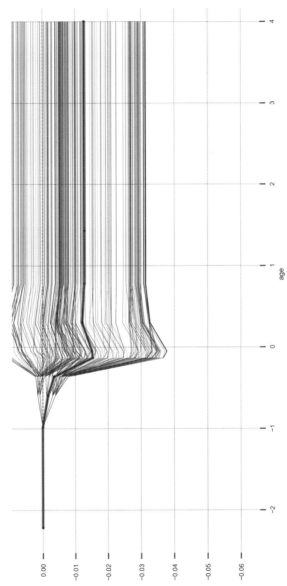

그림 13-2 age 변화에 따라 타깃에게 일어나는 결과를 보여 주는 부분 의존성 도표

또한 두 특징 간의 상호작용도 시각화할 수 있다(그림 13-3).

```
>>> features = ["fare", "sex_male"]
>>> p = pdp.pdp_interact(
...     rf5, X, X.columns, features
... )
>>> fig, _ = pdp.pdp_interact_plot(p, features)
>>> fig.savefig("images/mlpr_1303.png", dpi=300)
```

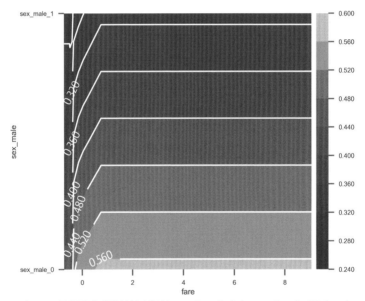

그림 13-3 두 특징에 대한 부분 의존성 도표. fare가 커지고 sex가 male에서 female 로 바뀜에 따라 생존 또한 상승한다.

부분 의존성 도표는 표본 전체에 걸쳐 한 특징 값을 고정한 다음 결과의 평균을 구한다. (이상치 및 평균에 주의) 또한 각 특징이 독립적이라고 가정한다(항상 그런 것은 아니다. 예로 고정적인 꽃받침 너비는 아마도 높이에 영향을 미칠 것이다). 또한 pdpbox 라이브러리는 이러한 관계를 더 잘 시각화하기 위해서 개별적인 조건부 기대치도 출력한다.

13.6 대리 모델

SVM, 신경망과 같이 해석 불가능한 모델을 사용한다면 해석 가능한 모델(디시전 트리)을 그 모델에 적합시켜 볼 수 있다. 대리 모델을 사용하여 특징 중요도를 검사할 수 있다.

다음은 서포트 벡터 분류(SVC) 모델을 생성 및 적합시킨 다음, 디시전 트리를 대리 모델로서 적합시켜(깊이에 제한을 주지 않고 과적합될 때까지 진행한다. 그렇게 하여 모델에서 발생하는 일을 포착한다) SVC 모델을 설명하는 방법을 보여 준다.

```
>>> from sklearn import svm
>>> sv = svm.SVC()
>>> sv.fit(X_train, y_train)
>>> sur_dt = tree.DecisionTreeClassifier()
>>> sur_dt.fit(X_test, sv.predict(X_test))
>>> for col, val in sorted(
...     zip(
...         X_test.columns,
...         sur_dt.feature_importances_,
...     ),
...     key=lambda x: x[1],
...     reverse=True,
... )[:7]:
...     print(f"{col:10}{val:10.3f}")
sex_male      0.723
pclass        0.076
sibsp         0.061
```

```
age                0.056
embarked_S         0.050
fare               0.028
parch              0.005
```

13.7 SHAP

SHAP(SHapley Additive exPlanations)(균형 잡힌 부가 설명)는 모델 종류를 가리지 않고 특징 기여의 시각화가 가능한 패키지다. 대부분 모델에 대해 작동할 뿐만 아니라 개별 예측 및 전역적인 특징 기여의 해석도 가능하여 매우 좋은 패키지다.

SHAP는 분류 및 회귀 모두에 적용할 수 있다. 결과적으로 'SHAP' 값들을 생성하는데, 분류 모델에서의 SHAP 값은 이진 분류에 대한 로그 오즈를 더한 것이다. 또 회귀 모델에서의 SHAP 값은 타깃 예측들을 더한 것이다.

SHAP 라이브러리는 일부 그래프의 대화형 특성 사용에 주피터 노트북(자바스크립트) 환경이 요구된다(일부는 단순히 matplotlib으로 정적 이미지 렌더링될 수도 있다). 다음은 죽음으로 예측된 20번째 샘플의 예를 보여준다.

```
>>> rf5.predict_proba(X_test.iloc[[20]])
array([[0.59223553, 0.40776447]])
```

20번째 샘플에 대한 영향력 도표force plot를 보면 '기준값base value'이 있는 것을 알 수 있다. 이 샘플은 죽을 것이라고 예측된 한 여성에 대한 것이다(그림 13-4). 도표의 우측에 생존의 정보를 담기 위해서 생존survival의 정보를 담은 색인 번호 (1)을 사용한다. 특징들이 생존 여부를 좌측 또는 우측으로 밀어낸다. 특징의 영역이 클수록 더 큰 영향력이 있다고 해석될 수 있다. 다음의 경우, 낮은 fare 및 3등급pclass의 정보가 샘플을 죽을 것이라는 예측으로 밀어낸다(출력이 0.5 이하).

```
>>> import shap
>>> s = shap.TreeExplainer(rf5)
>>> shap_vals = s.shap_values(X_test)
>>> target_idx = 1
>>> shap.force_plot(
...     s.expected_value[target_idx],
...     shap_vals[target_idx][20, :],
...     feature_names=X_test.columns,
... )
```

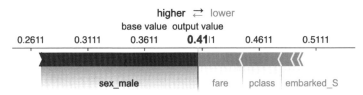

그림 13-4 SHAP로 그린 20번째 샘플에 대한 특징 기여도. 이 도표는 기준값 및 샘플(사람)을 죽을 것이라고 예측하게 만든 특징들을 보여 준다.

전체 데이터셋에 대한 해석 또한 시각화할 수 있다(그림 13-4 형태의 도표를 90도 회전시킨 다음 x축에 따라 그래프를 늘어놓음)(그림 13-5).

```
>>> shap.force_plot(
...     s.expected_value[1],
...     shap_vals[1],
...     feature_names=X_test.columns,
... )
```

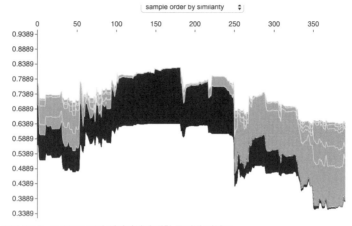

그림 13-5 SHAP로 그린 데이터셋에 대한 특징의 기여도

SHAP 라이브러리는 의존성 도표_dependence plots_ 또한 생성할 수 있다. 그림 13-6의 도표는 age와 SHAP 값 사이의 상관관계를 시각화한 것이다(색상은 SHAP이 자동으로 pclass에 따라 칠하였는데, interaction_index 파라미터에 특징 열 이름을 지정하면 직접 고를 수도 있다).

```
>>> fig, ax = plt.subplots(figsize=(6, 4))
>>> res = shap.dependence_plot(
...     "age",
...     shap_vals[target_idx],
...     X_test,
...     feature_names=X_test.columns,
...     alpha=0.7,
... )
>>> fig.savefig(
...     "images/mlpr_1306.png",
...     bbox_inches="tight",
...     dpi=300,
... )
```

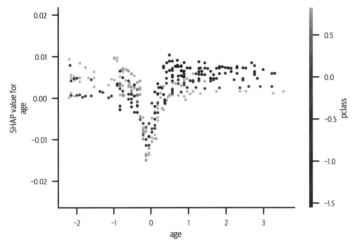

그림 13-6 SHAP로 그린 age에 대한 의존성 도표. 어리고 나이 많은 사람의 생존율이 높다. 나이가 많을수록 낮은 plcass를 가진 사람의 생존 확률이 높아진다.

유용한정보

수직선을 가진 의존성 도표를 그릴 수도 있다. 순서를 가진 범주형 특징을 관찰하는 경우 x_jitter 파라미터를 1로 설정하는 것이 유용하다.

또한 모든 특징을 요약할 수도 있다. 전역적인 영향뿐만 아니라 개별적인 영향 또한 보여 주므로 이해하면 매우 강력한 도표로 쓰일 수 있다. 특징들은 중요도에 따라 순위가 매겨지며, 가장 중요한 특징들이 상단에 위치한다.

특징들은 각자의 값에 따라 색상이 칠해진다. 낮은 **sex_male** 점수(즉 여성)는 생존 예측에 큰 영향을 미치지만, 높은 점수(남성)는 죽음 예측에 비교적 크지 않은 영향을 미친다. 나이가 어리거나 많은 경우 생존 예측에 영향을 미치지만, 그 중간 값은 죽음 예측 영향을 미치는 **age** 특징의 해석이 좀 더 까다로운 편이다.

요약도_{summary plot}와 의존성 도표를 결합하면 모델의 행동에 대한 좋은 통찰을 얻을 수 있다(그림 13-7).

```
>>> fig, ax = plt.subplots(figsize=(6, 4))
>>> shap.summary_plot(shap_vals[0], X_test)
>>> fig.savefig("images/mlpr_1307.png", dpi=300)
```

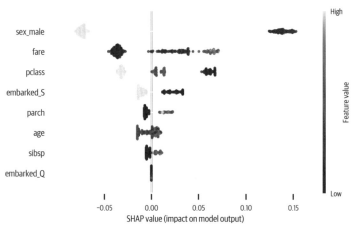

그림 13-7 SHAP로 그린 요약도. 가장 중요한 특징들이 상단에 위치하며, 색상은 특징의 값이 예측에 미친 영향의 정도를 표현한다.

14

회귀

지도학습이라는 틀에서 보면 회귀는 분류와 유사하지만, 이산적인 범주 값을 가진 레이블 대신 연속적인 값을 예측한다는 점이 다르다. 숫자를 예측해야 한다면 회귀를 사용하자.

사이킷런은 여러 가지 회귀 모델을 제공하는데, 그중에는 분류 모델과 동일한 알고리즘이 적용된 경우가 많다. 그리고 분류, 회귀 상관 없이 .fit, .score, .predict와 같은 공통 API를 제공한다. 이는 XGBoost 및 LightGBM과 같은 차세대 부스팅 라이브러리에서도 일관된 API이기도 하다.

회귀 모델에는 분류 모델, 분류 모델에 쓰인 하이퍼파라미터가 유사하게 쓰일 수 있지만, 평가 지표는 다르다. 이 장에서는 Boston Housing 데이터셋[1]으로 여러 종류의 회귀 모델을 살펴본다.

다음은 데이터를 불러오고, 학습과 테스트용으로 분리한 다음, 각 분할된 데이터의 표준화된 버전을 생성하는 코드다.

---

[1]   https://oreil.ly/b2bKQ

```
>>> import pandas as pd
>>> from sklearn.datasets import load_boston
>>> from sklearn import (
...     model_selection,
...     preprocessing,
... )
>>> b = load_boston()
>>> bos_X = pd.DataFrame(
...     b.data, columns=b.feature_names
... )
>>> bos_y = b.target

>>> bos_X_train, bos_X_test, bos_y_train,
bos_y_test = model_selection.train_test_split(
...     bos_X,
...     bos_y,
...     test_size=0.3,
...     random_state=42,
... )

>>> bos_sX = preprocessing.Stand
ardScaler().fit_transform(
...     bos_X
... )
>>> bos_sX_train, bos_sX_test, bos_sy_train,
bos_sy_test = model_selection.train_test_split(
...     bos_sX,
...     bos_y,
...     test_size=0.3,
...     random_state=42,
... )
```

다음은 Boston Housing 데이터셋에 포함된 각 특징에 대한 설명이다.

CRIM

도시별 1인당 범죄율

ZN

25,000 이상의 제곱피트당 주거지역의 비율

INDUS

도시별 비소매 상업지구의 면적 비율(단위: 에이커)

CHAS

찰스 강 더미 변수(강에 인접 시 1, 그렇지 않으면 0)

NOX

일산화질소의 농도(단위: 0.1ppm)

RM

주거지당 평균 객실 수

AGE

1940년 이전에 건설된 자가 주택의 비율

DIS

5개의 보스턴 직업고용센터와의 거리(가중 평균)

RAD

반경의 고속도로에 대한 접근성 지수

TAX

$10,000당 전액 재산세율

PTRATIO

도시별 학생-교사의 비율

B

1000(Bk - 0.63)^2. Bk는 도시별 흑인의 비율(이 데이터셋은 1978년에 구축되었음을 참고)

LSTAT

하위 계층의 백분율

MEDV

자가 주택 가격의 중앙값(단위: $1000)

14.1 베이스라인 모델

다른 모델 간 비교를 위한 기준을 설정하기 위해 베이스라인용 회귀 모델을 만든다. 사이킷런의 .score 메서드는 **결정 계수**coefficient of determination(r^2 또는 R^2)를 디폴트로 반환한다. 결정 계수는 예측이 포착하는 입력 데이터의 변동률을 설명한다. 이 값은 일반적으로 0과 1 사이지만, 모델이 매우 나쁜 경우 음수가 될 수도 있다.

DummyRegressor의 기본 전략은 단순히 학습용 데이터셋의 평균값을 예측하는 것이다. 다음 코드의 결과로 이 모델의 성능이 별로임을 알 수 있다.

```
>>> from sklearn.dummy import DummyRegressor
>>> dr = DummyRegressor()
>>> dr.fit(bos_X_train, bos_y_train)
>>> dr.score(bos_X_test, bos_y_test)
-0.03469753992352409
```

14.2 선형 회귀

수학 및 기초 통계학 과정에서 간단한 선형 회귀를 가르친다. 오차의 제곱을 최소화하여 y = mx + b라는 공식에 적합시키는 방법이다. 문제를 해결하고 나면 계수와 절편을 결과로 얻는다. 절편은 계수와 입력의 곱으로 수정된 예측에 대한 기본 값을 제공한다.

이 형태는 각 특징마다 계수를 가지는 더 높은 차원으로 일반화될 수 있다. 계수의 절댓값이 클수록 해당 특징이 타깃에 미치는 영향은 커진다.

이 모델은 입력들의 선형적인 결합이 곧 예측이라고 가정한다. 하지만 일부 데이터셋에 대해서는 충분히 유연하다고 보기 어렵다. 이

때는 특징의 변환을 통하여 복잡성이 추가될 수도 있다(사이킷런의 preprocessing.PolynomialFeatures 변환은 특징들의 다항식 조합을 생성할 수 있다). 만약 결과가 과적합으로 이어진다면 이때는 모델을 정규화하는 데 리지 또는 라소 회귀를 사용할 수도 있다.

또한 이 모델은 **이분산성**heteroscedasticity에도 취약성을 보인다. 기본 개념은 입력 값의 크기가 변화함에 따라 예측의 오차 또한 마찬가지로 바뀐다는 것이다. 이 경우 입력 대 잔차의 그래프를 그려 보면 부채 또는 원뿔 모양이 나타날 것이다. 잠시 후 관련 예제를 살펴보겠다.

또 다른 알려진 문제는 **다중공선성**multicollinearity이다. 높은 상관관계를 가지는 열들이 있다면, 이는 계수의 해석을 방해할 수 있다는 것이다. 일반적으로 모델이 아니라 계수의 의미에만 영향을 미친다.

상관관계선형 회귀 모델은 다음과 같은 특성이 있다.

런타임 효율
n_jobs 파라미터를 사용하여 성능을 가속화한다.

데이터 전처리
모델을 학습시키기 전 데이터를 표준화한다.

과적합 방지
다항식 특징의 사용이나 추가를 하지 않으면 모델을 단순화할 수 있다.

결과의 해석
특징 기여의 가중치로 결과를 해석할 수 있지만, 특징의 정규성과 독립성을 가정한다. 해석의 가능성을 개선하기 위해서 공선성 특징들을 제거해야 할 수도 있다. R^2는 모델에 의해 설명되는 결과의 총 분산량을 알려 준다.

다음은 디폴트 데이터로 간단히 실행해 본 것이다.

```
>>> from sklearn.linear_model import (
...     LinearRegression,
... )
>>> lr = LinearRegression()
>>> lr.fit(bos_X_train, bos_y_train)
LinearRegression(copy_X=True, fit_intercept=True,
  n_jobs=1, normalize=False)
>>> lr.score(bos_X_test, bos_y_test)
0.7109203586326287
>>> lr.coef_
array([-1.32774155e-01, 3.57812335e-02,
  4.99454423e-02,  3.12127706e+00,
  -1.54698463e+01,  4.04872721e+00,
  -1.07515901e-02, -1.38699758e+00,
  2.42353741e-01, -8.69095363e-03,
  -9.11917342e-01, 1.19435253e-02,
  -5.48080157e-01])
```

LinearRegression 인스턴스는 다음과 같은 파라미터를 가진다.

n_jobs=None

    사용할 CPU 코어의 개수로, -1 값은 모든 CPU 코어를 활용하라는 뜻이다.

다음은 적합된 후 생기는 속성이다.

coef_

    선형 회귀 계수

intercept_

    선형 모델의 절편

.intercept_ 값은 기대 평균값이다. 데이터 값의 크기를 조절하는 것이 계수에 미치는 영향을 알 수 있다. 계수가 가진 부호는 특징과 타깃 사

이의 관계의 방향을 뜻한다. 양의 부호는 특징 값이 증가할수록 레이블 값 또한 증가한다는 뜻이다. 반면 음의 부호는 특징 값이 증가할수록 레이블 값은 감소한다는 것이다. 계수의 절댓값이 클수록 그 영향력은 커진다.

```
>>> lr2 = LinearRegression()
>>> lr2.fit(bos_sX_train, bos_sy_train)
LinearRegression(copy_X=True, fit_intercept=True,
  n_jobs=1, normalize=False)
>>> lr2.score(bos_sX_test, bos_sy_test)
0.7109203586326278
>>> lr2.intercept_
22.50945471291039
>>> lr2.coef_
array([-1.14030209, 0.83368112, 0.34230461,
  0.792002, -1.7908376, 2.84189278, -0.30234582,
  -2.91772744, 2.10815064, -1.46330017,
  -1.97229956, 1.08930453, -3.91000474])
```

옐로브릭을 사용하면 계수를 시각화할 수 있다(그림 14-1). 크기가 조정된 Boston 데이터는 pandas의 DataFrame이 아니라 numpy 배열 형식이기 때문에 열 이름을 사용하려면 labels 파라미터에 열 이름을 전달해야 한다.

```
>>> from yellowbrick.features import (
...     FeatureImportances,
... )
>>> fig, ax = plt.subplots(figsize=(6, 4))
>>> fi_viz = FeatureImportances(
...     lr2, labels=bos_X.columns
... )
>>> fi_viz.fit(bos_sX, bos_y)
>>> fi_viz.poof()
>>> fig.savefig(
...     "images/mlpr_1401.png",
```

```
...        bbox_inches="tight",
...        dpi=300,
... )
```

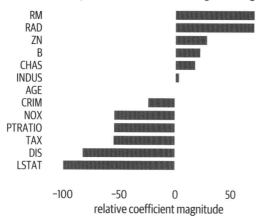

Feature Importances of 13 Features using LinearRegression

relative coefficient magnitude

그림 14-1 특징 중요도. 이 결과는 RM(객실 수)이 가격을 증가시키고, AGE는 별로 중요하지 않으며, LSTAT(하위 계층의 백분율)은 가격을 낮춘다는 것을 보여 준다.

14.3 SVM

서포트 벡터 머신Support Vector Machine 또한 회귀를 수행할 수 있다.

SVM에는 다음과 같은 속성이 있다.

런타임 효율

사이킷런이 구현한 SVM의 시간 복잡도는 $O(n^4)$이다. 따라서 크기의 확장에는 어려움이 있다. 선형 커널 또는 LinearSVR 모델을 사용하면 어느 정도 정확도를 희생하여 런타임 성능을 향상시킬 수 있다. cache_size 파라미터의 값을 늘리면 시간 복잡도를 $O(n^3)$까지 낮출 수 있을지도 모른다.

데이터 전처리

알고리즘은 크기 불변scale invariant의 특성을 가지지 않으므로, 데이터를 표준화하는 것은 적극 권장된다.

과적합 방지

C(페널티 파라미터)는 정규화를 제어한다. 이 값이 작을수록 초평면의 여백이 줄어든다. 그리고 gamma 파라미터 값이 클수록 학습용 데이터에 과적합되는 경향이 있다. LinearSVR 모델은 정규화를 위해 loss 및 penalty 파라미터를 제공한다. epsilon 파라미터의 값도 조절이 가능하다(0을 사용하면 과적합이 예상될 가능성이 높다).

결과의 해석

해석이 어렵긴 하지만, .support_vectors_ 속성을 살펴보자. 선형 커널을 사용하는 경우에는 .coef를 검사할 수 있다.

다음은 라이브러리의 사용 예를 보여 준다.

```
>>> from sklearn.svm import SVR
>>> svr = SVR()
>>> svr.fit(bos_sX_train, bos_sy_train)
SVR(C=1.0, cache_size=200, coef0=0.0, degree=3,
  epsilon=0.1, gamma='auto', kernel='rbf',
  max_iter=-1, shrinking=True, tol=0.001,
  verbose=False)

>>> svr.score(bos_sX_test, bos_sy_test)
0.6555356362002485
```

SVR 인스턴스는 다음과 같은 파라미터를 가진다.

C=1.0

페널티에 대한 파라미터. 이 값이 작을수록 결정 경계는 더 촘촘해진다(보다 과적합이 발생한다).

`cache_size=200`

캐시의 크기(단위: MB). 이 값을 늘리면 큰 데이터셋에 대한 학습 시간을 향상시킬 수 있다.

`coef0=0.0`

다항식 및 시그모이드 커널에 대한 개별 항이다.

`epsilon=0.1`

오차에 페널티가 주어지지 않는 허용 한계를 규정한다. 대규모 데이터셋에서는 이 값을 작게 설정해야 한다.

`degree=3`

다항식 커널의 차수를 지정한다.

`gamma='auto'`

커널 계수다. 이 값은 숫자일 수도 있지만, 'scale'(1/(num features * X.std()), 즉 0.22) 또는 'auto'(1/num_features)로 설정될 수도 있다. 이 값이 낮을수록 학습용 데이터셋에 과적합 된다.

`kernel='rbf'`

커널의 유형으로, 'linear', 'poly', 'rbf'(디폴트), 'sigmoid', 'precomputed' 중 하나를 선택하거나 사용자 정의 함수를 지정할 수 있다.

`max_iter=-1`

최대 반복 횟수를 지정한다. -1은 제한이 없음을 뜻한다.

`probability=False`

확률 추정을 활성화한다. 이 경우 학습의 속도가 느려질 수 있다.

`random_state=None`

난수 생성 시드를 설정한다.

`shrinking=True`

shrinking 휴리스틱의 사용 여부를 설정한다.

tol=0.001

적합의 정지 허용 오차를 설정한다.

verbose=False

상세 내용의 출력 여부를 설정한다.

다음은 적합된 후 생기는 속성이다.

support_

서포트 벡터의 번호

support_vectors_

서포트 벡터 목록

coef_

(선형) 커널의 계수

intercept_

의사 결정 상수

14.4 K-최근접 이웃

KNN 모델 또한 예측 대상 표본으로부터 k개의 인접 타깃을 찾는 방식으로 회귀를 지원한다. 회귀에 대하여 이 모델은 모든 타깃의 평균을 구하여 예측을 결정한다.

최근접 이웃 모델은 다음과 같은 특성이 있다.

런타임 효율

학습 런타임의 시간 복잡도는 O(1)이지만, 샘플 데이터가 저장되어야 하므로 트레이드오프가 존재한다. 테스트 런타임의 시간 복잡도는 O(Nd)이다. 이때 N은 학습용 데이터의 개수이며, d는 차원수를 뜻한다.

데이터 전처리

데이터가 표준화되었을 때 거리 기반의 계산은 더 나은 성능을 보인다.

과적합 방지

　　n_neighbors 값을 늘리고, p를 L1 또는 L2 평가 지표로 변경한다.

결과의 해석

　　샘플에 대한 k-최근접 이웃을 해석한다(.kneighbors 메서드를 사용). 해
　　당 이웃의 설명이 가능하다면 해당 이웃들이 결과를 설명해 줄 것이다.

다음은 모델 사용에 대한 예를 보여 준다.

```
>>> from sklearn.neighbors import (
...     KNeighborsRegressor,
... )
>>> knr = KNeighborsRegressor()
>>> knr.fit(bos_sX_train, bos_sy_train)
KNeighborsRegressor(algorithm='auto',
  leaf_size=30, metric='minkowski',
  metric_params=None, n_jobs=1, n_neighbors=5,
  p=2, weights='uniform')

>>> knr.score(bos_sX_test, bos_sy_test)
0.747112767457727
```

KNeighborsRegressor 인스턴스는 다음과 같은 파라미터를 가진다.

algorithm='auto'

　　'brute', 'ball_tree', 'kd_tree' 중 하나를 선택할 수 있다.

leaf_size=30

　　트리 알고리즘에서 사용된다.

metric='minkowski'

　　거리 측정 방식을 정한다.

metric_params=None

　　metric에 사용자 정의 방법(함수 또는 호출 가능한 방식, callable)이 주
　　어졌을 때 여기에 사용될 추가적인 파라미터를 딕셔너리 형식으로
　　지정한다.

`n_jobs=1`

사용될 CPU 코어의 개수를 지정한다.

`n_neighbors=5`

이웃의 개수를 지정한다.

`p=2`

민코프스키 파워 파라미터를 지정한다. 1은 맨해튼(L1)이며, 2는 유클리드(L2)를 의미한다.

`weights='uniform'`

'distance'가 될 수 있다. 이 경우 가까운 점들이 더 큰 영향을 미친다.

14.5 디시전 트리

디시전 트리는 분류와 회귀를 모두 지원한다. 트리의 각 깊이의 수준에서는 특징들에 대한 수행된 여러 가지 분할 결과들이 평가된다. 그중 마지막에 선택되는 것은 최소 오차(불순도)를 가진 분할이다. criterion 파라미터의 값을 통해서 불순도impurity의 정도를 평가하는 척도를 결정할 수 있다.

디시전 트리는 다음과 같은 특성이 있다.

런타임 효율성

생성 단계에서는 m개의 모든 특징을 반복적으로 접근하여 n개의 샘플을 정렬해야 하므로 $O(mn \log n)$의 시간 복잡도를 가진다. 예측 단계에서는 트리를 타고 내려가야 하기 때문에 $O(height)$의 시간 복잡도를 가진다.

데이터 전처리

값의 크기 조정이 필요하지 않다. 누락된 값의 제거 및 비수치형 값을 수치형으로 변환하는 등의 작업이 필요하다.

과적합 방지

max_depth 파라미터 값은 낮추면서 min_impurity_decrease 파라
미터 값은 크게 설정한다.

결과의 해석

트리는 분리된 단계들로 구성되기 때문에 선형적 관계를 다루는 데
는 좋지 않다(특징의 값이 약간만 변하더라도 완전히 다른 트리가 만들어
질 수 있다). 또한 트리는 학습용 데이터에 상당히 높은 의존도를 보
인다. 즉, 약간의 변화로도 트리 전체가 완전히 바뀌는 결과를 초래
할 수 있다.

다음은 scikit-learn 라이브러리를 사용한 예다.

```
>>> from sklearn.tree import DecisionTreeRegressor
>>> dtr = DecisionTreeRegressor(random_state=42)
>>> dtr.fit(bos_X_train, bos_y_train)
DecisionTreeRegressor(criterion='mse',
  max_depth=None, max_features=None,
  max_leaf_nodes=None, min_impurity_decrease=0.0,
  min_impurity_split=None, min_samples_leaf=1,
  min_samples_split=2,
  min_weight_fraction_leaf=0.0, presort=False,
  random_state=42, splitter='best')

>>> dtr.score(bos_X_test, bos_y_test)
0.8426751288675483
```

DecisionTreeRegressor 인스턴스는 다음과 같은 파라미터를 가진다.

criterion='mse'

분할의 판단 기준 함수. 디폴트 값은 평균 제곱 오차(L2 손실)이며,
'friedman_mse' 또는 'mae'(L1 손실)로 설정할 수 있다.

max_depth=None

트리가 자라날 수 있는 최대 깊이. 디폴트 작동은 리프 노드에 min_

samples_split보다 작은 샘플이 할당될 때까지 트리를 계속 자라나게 한다.

max_features=None
분할을 위해 검사할 특징의 수. 디폴트는 모든 특징을 활용하는 것이다.

max_leaf_nodes=None
리프 노드의 개수 제한. 디폴트는 제한을 두지 않는 것이다.

min_impurity_decrease=0.0
분할을 수행할 불순의 정도. 분할을 시도했을 때 불순도가 지정된 값보다 크거나 같은 경우 해당 노드를 분할한다.

min_impurity_split=None
더 이상 사용되지 않는다.

min_samples_leaf=1
각 리프 노드가 포함할 샘플의 최소 개수

min_samples_split=2
노드 분할에 필요한 샘플의 최소 개수

min_weight_fraction_leaf=0.0
리프 노드에 필요한 가중치 합의 최솟값

presort=False
True로 설정 시 작은 데이터셋 또는 제한된 깊이를 가진 트리에서 학습 속도를 높일 수도 있다.

random_state=None
난수 생성 시드

splitter='best'
'random' 또는 'best'로 설정할 수 있다.

다음은 적합된 후 생기는 속성이다.

feature_importances_

특징별 Gini 중요도를 담은 배열

max_features_

계산된 max_features의 값

n_outputs_

출력의 개수

n_features_

특징의 개수

tree_

트리 객체

다음은 실제 트리 구조를 출력하는 코드를 보여 준다(그림 14-2).

```
>>> import pydotplus
>>> from io import StringIO
>>> from sklearn.tree import export_graphviz
>>> dot_data = StringIO()
>>> tree.export_graphviz(
...     dtr,
...     out_file=dot_data,
...     feature_names=bos_X.columns,
...     filled=True,
... )
>>> g = pydotplus.graph_from_dot_data(
...     dot_data.getvalue()
... )
>>> g.write_png("images/mlpr_1402.png")
```

주피터 노트북을 사용하는 경우에는 다음 코드를 활용해야 한다.

```
from IPython.display import Image
Image(g.create_png())
```

그림 14-2 디시전 트리

그림 14-2가 보인 트리는 상당히 넓다. 컴퓨터에서 그림을 확대하여 부분별로 살펴볼 수 있다. 또는 트리의 출력 깊이를 제한할 수도 있다(그림 14-3). (일반적으로 가장 중요한 특징들이 트리의 최상단 부근에 존재한다.) 출력 깊이 제한을 위해서는 max_depth 파라미터 값을 조절해야 한다.

```
>>> dot_data = StringIO()
>>> tree.export_graphviz(
...     dtr,
...     max_depth=2,
...     out_file=dot_data,
...     feature_names=bos_X.columns,
...     filled=True,
... )
>>> g = pydotplus.graph_from_dot_data(
...     dot_data.getvalue()
... )
>>> g.write_png("images/mlpr_1403.png")
```

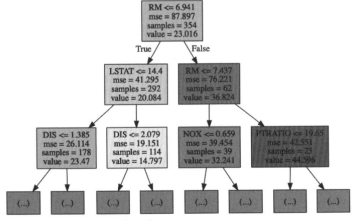

그림 14-3 디시전 트리의 처음 두 층

dtreeviz 패키지를 사용하면 트리의 각 노드를 산점도로 표현할 수도 있다(그림 14-4). 다음의 코드는 자세한 내용을 들여다보기 위해서 디시전 트리의 깊이를 2로 제한하여 그 방법을 보여 준다.

```
>>> dtr3 = DecisionTreeRegressor(max_depth=2)
>>> dtr3.fit(bos_X_train, bos_y_train)
>>> viz = dtreeviz.trees.dtreeviz(
...     dtr3,
...     bos_X,
...     bos_y,
...     target_name="price",
...     feature_names=boxX.columns,
...     scale=(2.5)
... )
>>> viz
```

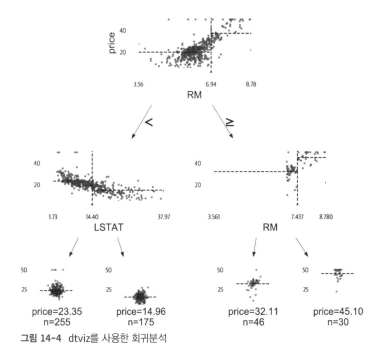

그림 14-4 dtviz를 사용한 회귀분석

다음 코드는 중요도가 가장 높은 특징 5개를 출력하는 방법을 보여 준다.

```
>>> for col, val in sorted(
...     zip(
...         bos_X.columns, dtr.feature_importances_
...     ),
...     key=lambda x: x[1],
...     reverse=True,
... )[:5]:
...     print(f"{col:10}{val:10.3f}")
RM          0.574
LSTAT       0.191
DIS         0.110
CRIM        0.061
RAD         0.018
```

14.6 랜덤 포레스트

디시전 트리는 해석이 용이하여 좋지만, 과적합되는 경향이 있다. 랜덤 포레스트는 디시전 트리의 더 나은 일반화를 위해 해석의 용이성이라는 장점의 일부를 포기한 모델이다. 이 모델은 회귀에서도 사용될 수 있다.

랜덤 포레스트는 다음과 같은 속성을 가진다.

런타임 효율성

j개의 디시전 트리를 만든다. 이 과정은 n_jobs 파라미터를 사용하면 병렬로 처리될 수 있다. 각 트리의 시간 복잡도는 $O(mn \log n)$이며, 여기서 n과 m은 각각 샘플 및 특징의 개수를 뜻한다. 각 트리별 생성은 m개의 특징에 대한 반복적인 접근 및 n개의 샘플 정렬이 필요하므로 $O(mn \log n)$의 시간 복잡도를 가진다. 또한 각 트리별 예측은 트리를 따라 내려가야 하므로 $O(height)$의 시간 복잡도를 가진다.

데이터 전처리

　입력 값이 수치형이고, 누락된 값이 없는 한 필수 사항이 아니다.

과적합 방지

　더 많은 디시전 트리를 추가하고(n_estimators), 각 트리별 깊이를
얕게 조정하여(max_depth) 과적합을 방지할 수 있다.

결과의 해석

　특징 중요도를 지원하지만, 개별적인 트리를 타고 내려갈 수는 없
다. 단 앙상블로 개별 트리들의 분석이 가능하다.

다음은 랜덤 포레스트 모델을 사용하는 예다.

```
>>> from sklearn.ensemble import (
...     RandomForestRegressor,
... )
>>> rfr = RandomForestRegressor(
...     random_state=42, n_estimators=100
... )
>>> rfr.fit(bos_X_train, bos_y_train)
RandomForestRegressor(bootstrap=True,
  criterion='mse', max_depth=None,
  max_features='auto', max_leaf_nodes=None,
  min_impurity_decrease=0.0,
  min_impurity_split=None,_samples_leaf=1,
  min_samples_split=2,
  min_weight_fraction_leaf=0.0,
  n_estimators=100, n_jobs=1,
  oob_score=False, random_state=42,
  verbose=0, warm_start=False)

>>> rfr.score(bos_X_test, bos_y_test)
0.8641887615545837
```

RandomForestRegressor 인스턴스는 다음과 같은 파라미터를 가진다.

bootstrap=True

　구축될 각 디시전 트리에 부트스트랩(bootstrap) 기법의 사용 여부

```
criterion='mse'
```
분할의 판단 기준 함수로, 'mae'로도 설정이 가능하다.

```
max_depth=None
```
각 디시전 트리의 깊이 제한. 디폴트로는 각 리프 노드의 샘플 수가 `min_samples_split`보다 적을 때까지 깊이를 확장한다.

```
max_features='auto'
```
분할에 대해 검사할 특징의 개수. 디폴트는 모든 특징을 사용한다.

```
max_leaf_nodes=None
```
리프 노드의 개수 제한. 디폴트는 제한을 두지 않는다.

```
min_impurity_decrease=0.0
```
분할이 여기 명시된 값 이상으로 불순성을 낮추는 경우에만 노드를 분할한다.

```
min_impurity_split=None
```
더 이상 사용되지 않는다.

```
min_samples_leaf=1
```
각 리프 노드가 가져야 할 최소 샘플 수

```
min_samples_split=2
```
노드 분할에 필요한 최소 샘플 수

```
min_weight_fraction_leaf=0.0
```
리프 노드에 필요한 최소 가중치 합

```
n_estimators=10
```
랜덤 포레스트를 구성하는 디시전 트리의 개수

```
n_jobs=None
```
적합 및 예측에서 병렬로 처리될 작업의 개수(None은 1개를 뜻함)

```
oob_score=False
```
보지 못한 데이터에 대한 점수 추정에 OOB 샘플의 사용 여부

`random_state=None`
    난수 생성 시드

`verbose=0`
    상세 내용의 출력 여부

`warm_start=False`
    기존 랜덤 포레스트에 적합을 이어 나갈지에 대한 여부

다음은 적합된 후 생기는 속성이다.

`estimators_`
    랜덤 포레스트를 구성하는 디시전 트리들의 집합

`feature_importances_`
    특징별 Gini 중요도를 담은 배열

`n_classes_`
    범주의 개수

`n_features_`
    특징의 개수

`oob_score_`
    OOB 추정을 사용한 학습용 데이터셋의 점수

특징 중요도:

```
>>> for col, val in sorted(
...     zip(
...         bos_X.columns, rfr.feature_importances_
...     ),
...     key=lambda x: x[1],
...     reverse=True,
... )[:5]:
...     print(f"{col:10}{val:10.3f}")
RM        0.505
LSTAT     0.283
```

```
DIS        0.115
CRIM       0.029
PTRATIO    0.016
```

14.7 XGBoost 회귀

XGBoost 라이브러리 또한 회귀를 지원한다. 간단한 디시전 트리 하나를 만든 다음, 후속으로 디시전 트리를 추가하여 '부스팅boosting(신장)'해 나간다. 추가되는 각 디시전 트리는 이전 출력의 잔차를 수정하려는 노력을 한다. 이 방법은 실제 구조화된 데이터에서 꽤 효과가 있는 것으로 알려져 있다.

XGBoost는 다음과 같은 속성을 가진다.

런타임 효율성

XGBoost는 병렬로 처리될 수 있다. 병렬 처리에 사용될 CPU 개수는 n_jobs 파라미터를 통해 지정이 가능하다. 그보다 더 나은 성능이 필요하다면 GPU를 사용해야 한다.

데이터 전처리

트리 기반 모델에서 값의 크기 조정은 필요없다. 범주형 데이터는 인코딩되어야 하며, 누락된 데이터를 다루는 작업이 필요하다.

과적합 방지

early_stopping_rounds=N 파라미터를 통해 N번의 라운드 이후 향상이 없는 경우, 학습을 조기 종료할 수 있다. L1 및 L2 정규화는 각각 reg_alpha와 reg_lambda 파라미터로 제어된다. 더 큰 값을 가질수록 더 보수적이라는 의미를 가진다.

결과의 해석

특징 중요도를 가진다.

다음은 XGBoost 라이브러리의 사용 예를 보여 준다.

```
>>> xgr = xgb.XGBRegressor(random_state=42)
>>> xgr.fit(bos_X_train, bos_y_train)
XGBRegressor(base_score=0.5, booster='gbtree',
  colsample_bylevel=1, colsample_bytree=1,
  gamma=0, learning_rate=0.1, max_delta_step=0,
  max_depth=3, min_child_weight=1, missing=None,
  n_estimators=100, n_jobs=1, nthread=None,
  objective='reg:linear', random_state=42,
  reg_alpha=0, reg_lambda=1, scale_pos_weight=1,
  seed=None, silent=True, subsample=1)

>>> xgr.score(bos_X_test, bos_y_test)
0.871679473122472

>>> xgr.predict(bos_X.iloc[[0]])
array([27.013563], dtype=float32)
```

XGBoostRegressor 인스턴스는 다음과 같은 파라미터를 가진다.

max_depth=3
> 디시전 트리의 최대 깊이

learning_rate=0.1
> 0과 1 사이의 값을 가지는 부스팅에 대한 학습률(eta). 매 부스팅 단
> 계 이후 새로이 추가된 가중치는 이 파라미터로 조정된다. 이 값
> 이 낮을수록 보수적이며, 수렴에 필요한 더 많은 디시전 트리가 필
> 요하다. .train 메서드 호출 시 learning_rates 파라미터의 값으로
> 각 라운드별 학습률이 담긴 리스트를 전달할 수 있다(예, [.1]*100 +
> [.05]*100).

n_estimators=100
> 라운드의 횟수 또는 부스팅된 디시전 트리의 개수

`silent=True`

부스팅의 수행 동안 메시지를 출력할지에 대한 여부

`objective="reg:linear"`

모델이 학습할 작업의 분류. 미리 정의된 작업은 문자열로 지정이 가능하지만, 그렇지 않은경우 콜러블callable을 만들어서 지정할 수도 있다.

`booster="gbtree"`

'gbtree', 'gblinear', 'dart'일 수 있다. 'dart'는 드롭아웃(dropout)이라는 특성을 추가한다(과적합 방지를 위해 무작위로 디시전 트리를 선택해 제거(드롭)한다). 'gblinear'는 정규화된 선형 모델을 만든다(디시전 트리가 아니라 라소 회귀와 유사하다).

`nthread=None`

더 이상 사용되지 않는다.

`n_jobs=1`

사용할 스레드의 개수

`gamma=0`

노드 분할에 필요한 최소 손실 감소

`min_child_weight=1`

자식 노드 생성에 필요한 헤시안(hessian) 합의 최솟값

`max_delta_step=0`

보다 보수적으로 갱신을 수행하도록 만드는 값. 불균형 범주의 데이터셋에 대해서는 1부터 10까지의 값으로 설정한다.

`subsample=1`

부스팅에 사용할 샘플의 비율

`colsample_bytree=1`

부스팅에 사용할 특징 열의 비율

colsample_bylevel=1

    각 디시전 트리의 수준별 사용할 특징 열의 비율

colsample_bynode=1

    각 디시전 트리의 노드별 사용할 특징 열의 비율

reg_alpha=0

    L1 정규화(가중치의 평균). 이 값이 클수록 보수적이게 된다.

reg_lambda=1

    L2 정규화(가중치의 제곱근). 이 값이 클수록 보수적이게 된다.

base_score=.5

    초기 편향치(bias)

seed=None

    더 이상 사용되지 않는다.

random_state=0

    난수 생성 시드

missing=None

    누락된 데이터가 해석될 값. None은 np.nan을 의미한다.

importance_type='gain'

    특징 중요도의 유형. 'gain', 'weight', 'cover', 'total_gain', 'total_cover'로 설정될 수 있다.

속성:

coef_

    gblinear 모델에 대한 계수(booster='gblinear'일 때)

intercept_

    gblinear 모델에 대한 절편

feature_importances_

    gbtree 모델에 대한 특징 중요도를 담은 배열

특징 중요도는 특징이 사용된 모든 노드에 걸친 이득의 평균이다.

```
>>> for col, val in sorted(
...     zip(
...         bos_X.columns, xgr.feature_importances_
...     ),
...     key=lambda x: x[1],
...     reverse=True,
... )[:5]:
...     print(f"{col:10}{val:10.3f}")
DIS         0.187
CRIM        0.137
RM          0.137
LSTAT       0.134
AGE         0.110
```

XGBoost는 특징 중요도의 시각적인 출력을 위한 도구를 제공한다.
importance_type 파라미터가 도표의 값을 바꾸는 부분에 주목하자(그
림 14-5). 디폴트로는 가중치로 특징 중요도를 결정한다.

```
>>> fig, ax = plt.subplots(figsize=(6, 4))
>>> xgb.plot_importance(xgr, ax=ax)
>>> fig.savefig("images/mlpr_1405.png", dpi=300)
```

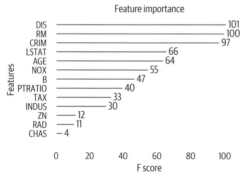

그림 14-5 가중치를 사용한 특징 중요도(디시전 트리가 분할에 각 특징을 사용한 횟수)

옐로브릭으로 특징 중요도의 도표를 그릴 수 있다(feature_importance_ 속성을 정규화한다)(그림 14-6).

```
>>> fig, ax = plt.subplots(figsize=(6, 4))
>>> fi_viz = FeatureImportances(xgr)
>>> fi_viz.fit(bos_X_train, bos_y_train)
>>> fi_viz.poof()
>>> fig.savefig("images/mlpr_1406.png", dpi=300)
```

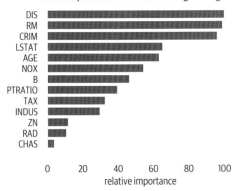

그림 14-6 이득의 상대적 중요도를 사용한 특징 중요도(가장 중요한 특징의 중요도 백분율)

XGBoost는 포함된 디시전 트리들을 시각적 또는 텍스트로 표현하는 방식을 모두 제공한다. 다음은 텍스트로 표현된 예를 보여 준다.

```
>>> booster = xgr.get_booster()
>>> print(booster.get_dump()[0])
0:[LSTAT<9.72500038] yes=1,no=2,missing=1
 1:[RM<6.94099998] yes=3,no=4,missing=3
  3:[DIS<1.48494995] yes=7,no=8,missing=7
   7:leaf=3.9599998
   8:leaf=2.40158272
  4:[RM<7.43700027] yes=9,no=10,missing=9
```

```
 9:leaf=3.22561002
 10:leaf=4.31580687
2:[LSTAT<16.0849991] yes=5,no=6,missing=5
 5:[B<116.024994] yes=11,no=12,missing=11
  11:leaf=1.1825
  12:leaf=1.99701393
 6:[NOX<0.603000045] yes=13,no=14,missing=13
 13:leaf=1.6868
 14:leaf=1.18572915
```

출력의 내용 중 leaf들의 값은 base_score와 리프 노드의 합으로 해석된다. (ntree_limit=1 파라미터 값으로 모델이 첫 번째 트리의 결과만 사용하도록 제한한 상태에서 .predict 메서드를 호출하면 이를 검증할 수 있다.)

다음은 시각적으로 표현된 예를 보여 준다(그림 14-7).

```
fig, ax = plt.subplots(figsize=(6, 4))
xgb.plot_tree(xgr, ax=ax, num_trees=0)
fig.savefig('images/mlpr_1407.png', dpi=300)
```

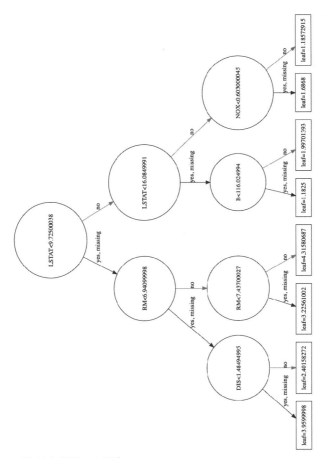

그림 14-7 XGBoost 트리

14.8 LightGBM 회귀 분석

LightGBM과 같은 그래디언트 부스팅 트리 알고리즘 또한 회귀를 지원한다. 앞서 10장에서 언급된 바와 같이 노드 분할을 결정하는 데 사용되는 샘플링 방식 때문에 디시전 트리의 생성은 XGBoost보다 빠를 수 있다.

그리고 디시전 트리의 깊이를 먼저 키우기 때문에 깊이를 제한하면 모델에 해를 끼칠 수 있다는 것에 유의한다. LightGBM은 다음과 같은 속성을 가진다.

런타임 효율성

여러 CPU 코어를 활용할 수 있다. binning을 사용하면 XGBoost보다 15배 더 빠를 수 있다.

데이터 전처리

범주형 열을 정수로(또는 pandas의 `Categorical` 자료형) 인코딩하는 일부 기능을 지원하지만, 원-핫 인코딩 대비 AUC의 결과가 더 나쁜 경향이 있다.

과적합 방지

`num_leaves` 값을 낮추고, `min_data_in_leaf` 값을 늘린다. 그리고 `min_gain_to_split` 파라미터 값으로 `lambda_l1` 또는 `lambda_l2`를 사용한다.

결과의 해석

특징 중요도를 활용할 수 있다. 약한(weak) 개별 디시전 트리의 해석은 어려운 경향이 있다.

다음은 LightGBM 라이브러리의 사용 예를 보여 준다.

```
>>> import lightgbm as lgb
>>> lgr = lgb.LGBMRegressor(random_state=42)
>>> lgr.fit(bos_X_train, bos_y_train)
LGBMRegressor(boosting_type='gbdt',
  class_weight=None, colsample_bytree=1.0,
  learning_rate=0.1, max_depth=-1,
  min_child_samples=20, min_child_weight=0.001,
  min_split_gain=0.0, n_estimators=100,
  n_jobs=-1, num_leaves=31, objective=None,
  random_state=42, reg_alpha=0.0,
  reg_lambda=0.0, silent=True, subsample=1.0,
```

```
   subsample_for_bin=200000, subsample_freq=0)

>>> lgr.score(bos_X_test, bos_y_test)
0.847729219534575

>>> lgr.predict(bos_X.iloc[[0]])
array([30.31689569])
```

LGBMRegressor 인스턴스는 다음과 같은 파라미터를 가진다.

boosting_type='gbdt'

'gbdt'(그래디언트 부스팅), 'rf'(랜덤 포레스트), 'dart'(드롭아웃이 적용된 다중 가법 회귀 디시전 트리), 'goss'(그래디언트 기반의 단측 샘플링) 중 하나로 설정될 수 있다.

num_leaves=31

디시전 트리의 최대 리프 노드 개수

max_depth=-1

디시전 트리의 최대 깊이. -1은 제한을 두지 않는다는 뜻이다. 깊이가 깊을수록 보다 과적합하는 경향이 있다.

learning_rate=0.1

(0, 1.0]의 범위의 부스팅을 위한 학습률. 값이 작을수록 부스팅의 영향이 적어지므로 과적합의 가속을 늦춘다. 값이 작을수록 성능이 좋아지지만, 더 많은 num_iterations가 필요하다.

n_estimators=100

LGBM을 구성하는 디시전 트리의 개수 또는 부스팅 라운드 횟수

subsample_for_bin=200000

구간(bin) 생성에 필요한 샘플의 개수

objective=None

디폴트인 None으로 설정 시 회귀로서 작동한다. 함수 또는 문자열 값이 할당될 수 있다.

min_split_gain=0.0

　노드 분할에 필요한 손실 감소

min_child_weight=0.001

　자식 노드 생성에 필요한 헤시안(hessian) 합의 최솟값. 값이 클수록
보수적이다.

min_child_samples=20

　리프 노드에 필요한 샘플의 개수. 값이 작을수록 더 과적합된다는
것을 의미한다.

subsample=1.0

　다음 라운드에서 사용할 샘플의 비율

subsample_freq=0

　하위 샘플링의 빈도. 이 값을 1로 변경하면 활성화된다.

colsample_bytree=1.0

　(0, 1.0] 범위의 각 부스팅 라운드에서 사용할 특징에 대한 백분율

reg_alpha=0.0

　L1 정규화(가중치의 평균). 값이 클수록 보수적이다.

reg_lambda=0.0

　L2 정규화(가중치의 제곱근). 값이 클수록 보수적이다.

random_state=42

　난수 생성 시드

n_jobs=-1

　스레드의 개수

silent=True

　세부 메시지의 출력 여부

importance_type='split'

　중요도의 계산 방식. 'split'(특징이 사용된 횟수) 또는 'gain'(특징이
사용된 경우 분할의 총 이득)으로 설정될 수 있다.

LightGBM은 특징 중요도를 지원한다. `importance_type` 파라미터가 특징 중요도가 계산되는 방식을 결정한다(디폴트로는 특징이 사용된 횟수에 기반한다).

```
>>> for col, val in sorted(
...     zip(
...         bos_X.columns, lgr.feature_importances_
...     ),
...     key=lambda x: x[1],
...     reverse=True,
... )[:5]:
...     print(f"{col:10}{val:10.3f}")
LSTAT      226.000
RM         199.000
DIS        172.000
AGE        130.000
B          121.000
```

특징 중요도 도표는 특징이 사용된 횟수를 보여 준다(그림 14-8).

```
>>> fig, ax = plt.subplots(figsize=(6, 4))
>>> lgb.plot_importance(lgr, ax=ax)
>>> fig.tight_layout()
>>> fig.savefig("images/mlpr_1408.png", dpi=300)
```

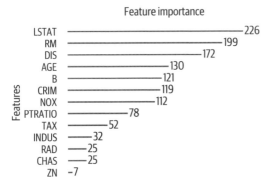

그림 14-8 특징이 사용된 횟수를 보여 주는 특징 중요도 도표

유용한 정보

주피터 노트북을 사용하는 경우 다음을 사용하여 트리를 출력한다.

lgb.create_tree_digraph(lgbr)

15

회귀용 평가 지표로 평가하기

15장에서는 Boston Housing 데이터로 학습된 회귀용 랜덤 포레스트 모델의 결과를 평가한다.

```
>>> rfr = RandomForestRegressor(
...     random_state=42, n_estimators=100
... )
>>> rfr.fit(bos_X_train, bos_y_train)
```

15.1 평가 지표

sklearn.metrics 모듈은 회귀 모델 평가용 지표들을 포함한다. loss 또는 error로 끝나는 이름의 평가 지표 함수는 최소화, score로 끝나는 이름의 평가 지표 함수는 최대화되어야 한다.

결정 계수coefficient of determination(r^2)는 회귀에서 사용되는 일반적인 평가 지표다. 이 값의 범위는 보통 0과 1 사이이며, 특징이 기여하는 타깃의 분산 비율을 나타낸다. 값이 클수록 더 좋음을 뜻하지만, 일반적으로 이것만으로는 모델의 평가가 어렵다. 0.7은 좋은 점수를 의미할까? 상황에 따라 다르다. 어떤 데이터셋에서는 0.5가 좋은 점수가 될 수도 있지만, 또 다른 데이터셋에서는 0.9가 나쁜 점수가 될 수도 있다. 이 점수와 더불어 다른 평가 지표 또는 시각화를 도입하여 모델을 평가하는 것이 보통이다.

예를 들어, r^2가 0.99인 내일의 주가 예측 모델을 만드는 것은 어렵지 않다. 하지만 약간의 차이로도 거래에 큰 피해를 줄 수도 있다면 이 결정 계수가 충분하다고 보기는 힘든 것이다.

r^2는 격자 탐색에서 사용되는 기본 평가 지표다. 다른 평가 지표를 사용하고 싶다면 scoring 파라미터를 사용하여 지정할 수 있다.

.score 메서드는 회귀 모델에 대한 결정 계수를 계산한다.

```
>>> from sklearn import metrics
>>> rfr.score(bos_X_test, bos_y_test)
0.8721182042634867

>>> bos_y_test_pred = rfr.predict(bos_X_test)
>>> metrics.r2_score(bos_y_test, bos_y_test_pred)
0.8721182042634867
```

노트

설명 분산(explained variance)이라는 평가 지표도 있다(격자 탐색에서는 'explained_variance'라는 이름). 잔차(residuals, 예측의 오차)의 평균이 0(보통최소제곱(Ordinary Least Squares, OLS) 모델에서) 이라면 설명 분산은 결정 계수와 동일하다.

```
>>> metrics.explained_variance_score(
...     bos_y_test, bos_y_test_pred
... )
0.8724890451227875
```

평균 절대 오차 Mean Absolute Error(격자 탐색에서는 'neg_mean_absolute_error'라는 이름)는 모델 예측에 대한 평균 절대 오차를 측정한다. 완벽한 모델의 평균 절대 오차 값은 0이지만, 결정 계수와는 달리 이 평가 지표에는 상한 값이 없다. 다만 이 평가 지표에는 타깃과 같은 단위가 쓰이므로 해석이 보다 용이하다. 또한 이상치를 무시하고 싶을 때 사용하기에 좋은 평가 지표다.

이 측정은 모델의 나쁜 정도를 나타낼 수 없지만, 2개의 서로 다른 모델을 비교하는 데 사용될 수 있다. 2개의 모델 중 점수가 낮은 모델이 더 좋다.

아래 코드가 출력한 평균 절대 오차의 값은 평균 오차가 실제 값보다 약 2 정도라는 것을 알려 준다.

```
>>> metrics.mean_absolute_error(
...     bos_y_test, bos_y_test_pred
... )
2.0839802631578945
```

평균 제곱근 오차 Root Mean Squared Error(격자 탐색에서는 'neg_mean_squared_error'라는 이름)도 모델의 오차를 측정한다. 하지만 제곱근을 취하기 전 오차의 제곱들에 대한 평균을 구하므로 오차가 클수록 더 큰 페널티를 부과한다. 오차에 큰 페널티를 주고 싶다면 평균 제곱근 오차를 좋은 평가 지표로 사용할 수 있다. 예를 들어, 8만큼의 차이는 4만큼의 차이보다 두 배 이상 나쁜 것으로 판단된다.

평균 절대 오차처럼 이 측정도 모델의 나쁜 정도를 나타낼 수는 없지만, 두 모델을 비교하는 용도로 사용될 수 있다. 오차가 정규 분포를 따른다면 평균 제곱근 오차는 좋은 선택이 될 수 있다.

아래 코드는 평균 제곱근 오차를 구하는 함수의 사용 방법과 그 결과로 약 9.5가 도출된 것을 보여 준다.

```
>>> metrics.mean_squared_error(
...     bos_y_test, bos_y_test_pred
... )
9.52886846710526
```

평균 제곱 로그 오차_{Mean Squared Logarithmic Error}(격자 탐색에서는 'neg_mean_squared_log_error'라는 이름)는 과대 예측보다 과소 예측에 많은 페널티를 부과한다. 지수적으로 증가하는 타깃(예, 인구 성장, 주식 시장 등)이 있을 때 사용하면 좋은 평가 지표다.

다음 코드는 평균 제곱 로그 오차를 구하는 함수의 사용 방법과 그 결과로 약 0.021의 오차가 도출된 것을 보여 준다.

```
>>> metrics.mean_squared_log_error(
...     bos_y_test, bos_y_test_pred
... )
0.02128263061776433
```

15.2 잔차 도표

적절한 R2 점수를 갖춘 좋은 모델들은 **등분산성**_{homoscedasticity}을 보인다. 즉 입력에 관계없이 모든 타깃 값에 대한 동일한 분산을 의미한다. 이를 그림으로 표현하면, 잔차 도표상 값이 무작위로 분포된 것처럼 보일 것이다. 만약 어떤 패턴이 존재한다면 모델이나 데이터에 문제가 있을 가능성이 있다.

잔차 도표는 모델 적합에 큰 영향을 미칠 수 있는 이상치도 표시한다(그림 15-1).

옐로브릭은 잔차 도표를 그릴 수 있는 기능을 제공한다.

```
>>> from yellowbrick.regressor import ResidualsPlot
>>> fig, ax = plt.subplots(figsize=(6, 4))
>>> rpv = ResidualsPlot(rfr)
>>> rpv.fit(bos_X_train, bos_y_train)
>>> rpv.score(bos_X_test, bos_y_test)
>>> rpv.poof()
>>> fig.savefig("images/mlpr_1501.png", dpi=300)
```

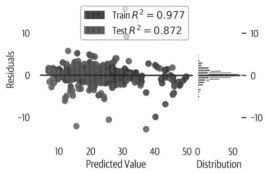

그림 15-1 잔차 도표. 추가적인 테스트로 이분산성(heteroscedastic)의 존재를 알수 있다.

15.3 이분산성

statsmodel 라이브러리[1]는 이분산성을 위한 **브로슈파간 검정**Breusch-Pagan test을 제공한다. 이는 잔차의 분산이 예측에 따라 다르다는 것을 의미한다. 브로슈파간 검정에 따르면 p-값이 유의 수준(0.05보다 낮음)일 때 등분산성에 대한 귀무가설은 기각된다. 이는 잔차가 이분산성을 따르며, 예측이 편향되었음을 나타낸다.

다음 코드는 이분산성의 사실을 확인시켜 주는 브로슈파간 검정을 보여 준다.

---

[1] https://oreil.ly/Htli5

```
>>> import statsmodels.stats.api as sms
>>> resids = bos_y_test - rfr.predict(bos_X_test)
>>> hb = sms.het_breuschpagan(resids, bos_X_test)
>>> labels = [
...     "Lagrange multiplier statistic",
...     "p-value",
...     "f-value",
...     "f p-value",
... ]
>>> for name, num in zip(labels, hb):
...     print(f"{name}: {num:.2}")
Lagrange multiplier statistic: 3.6e+01
p-value: 0.00036
f-value: 3.3
f p-value: 0.00022
```

15.4 정규 잔차

scipy 라이브러리는 **확률도**probability plot 및 **콜모고로프-스미르노프 검정** Kolmogorov-Smirnov test을 제공한다. 이 둘 모두 잔차의 정규성을 측정하는 데 사용된다.

히스토그램(그림 15-2)을 그려 보면 잔차를 시각화하고 정규성을 검사할 수 있다.

```
>>> fig, ax = plt.subplots(figsize=(6, 4))
>>> resids = bos_y_test - rfr.predict(bos_X_test)
>>> pd.Series(resids, name="residuals").plot.hist(
...     bins=20, ax=ax, title="Residual Histogram"
... )
>>> fig.savefig("images/mlpr_1502.png", dpi=300)
```

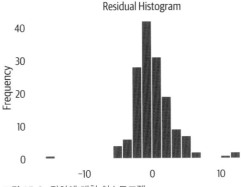

그림 15-2 잔차에 대한 히스토그램

그림 15-3은 확률도를 보여 준다. 분위수quantile에 대해 샘플이 선을 따라 정렬되어 분포된다면 이는 잔차가 정규성을 보인다고 해석될 수 있다. 다음은 잔차가 정규성을 따르지 않는 것에 대한 예를 보여 준다.

```
>>> from scipy import stats
>>> fig, ax = plt.subplots(figsize=(6, 4))
>>> _ = stats.probplot(resids, plot=ax)
>>> fig.savefig("images/mlpr_1503.png", dpi=300)
```

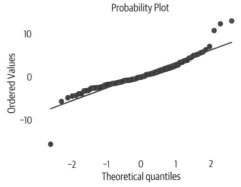

그림 15-3 잔차에 대한 확률도

콜모고로프-스미르노프 검정은 분포의 정규성 여부를 평가할 수 있다. p-값이 유의수준(《0.05)이면 값들은 정규성을 따르지 않는다.

다음의 코드 역시 잔차가 정규성을 따르지 않는 것에 대한 예를 보여 준다.

```
>>> stats.kstest(resids, cdf="norm")
KstestResult(statistic=0.1962230021010155,
pvalue=1.3283596864921421e-05)
```

15.5 예측 오차 도표

예측 오차 도표는 예측된 값에 대한 실제 타깃을 보여 준다. 완벽한 모델에서는 두 대상이 45도 선에 완벽하게 정렬된다.

그림 15-4의 잔차 도표로부터 모델은 y의 끄트머리의 큰 값에 대해서 낮은 값을 예측하는 것으로 보이므로 성능상 문제가 있음을 알 수 있다.

다음은 옐로브릭을 사용하여 예측 오차 도표를 그리는 방법을 보여 준다.

```
>>> from yellowbrick.regressor import (
...     PredictionError,
... )
>>> fig, ax = plt.subplots(figsize=(6, 6))
>>> pev = PredictionError(rfr)
>>> pev.fit(bos_X_train, bos_y_train)
>>> pev.score(bos_X_test, bos_y_test)
>>> pev.poof()
>>> fig.savefig("images/mlpr_1504.png", dpi=300)
```

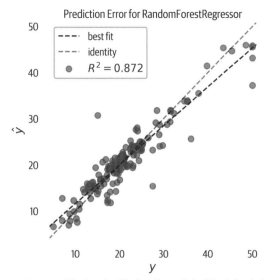

그림 15-4 예측의 오차. 예측된 y값(y-hat)에 대한 타깃 y값의 도표

16

회귀 모델의 해석

분류 모델을 해석하는 대부분의 기법에는 회귀 모델이 적용된다. 16장에서는 SHAP 라이브러리를 이용한 회귀 모델의 해석 방법을 다룬다.

보스턴 주택 데이터셋을 사용하여 XGBoost 모델을 해석해 보자.

```
>>> import xgboost as xgb
>>> xgr = xgb.XGBRegressor(
...     random_state=42, base_score=0.5
... )
>>> xgr.fit(bos_X_train, bos_y_train)
```

16.1 SHAP

SHAP는 모델에 대한 전반적인 통찰 및 개별 예측의 해석에 유용하며, 특정 모델에 종속적이지 않도록 고안된 라이브러리다. 특히 블랙박스형 모델에 매우 유용하다.

다음은 다섯 번째 샘플에 대한 모델의 예측으로 27.26을 출력한다.

```
>>> sample_idx = 5
>>> xgr.predict(bos_X.iloc[[sample_idx]])
array([27.269186], dtype=float32)
```

이 모델을 SHAP에서 사용하기 위해서 TreeExplainer를 만들고, 샘플로부터 SHAP 값을 추정해야만 한다. 주피터 노트북과 같은 대화형 인터페이스를 사용한다면 initjs 함수도 호출해야 한다.

```
>>> import shap
>>> shap.initjs()

>>> exp = shap.TreeExplainer(xgr)
>>> vals = exp.shap_values(bos_X)
```

이렇게 얻어진 TreeExplainer 및 SHAP 값으로 예측을 설명하는 영향력 도표force plot를 생성할 수 있다(그림 16-1). 이 도표에 따르면 기준 예측base prediction은 23이며, 낮은 계층의 인구의 비율(LSTAT) 및 재산세율(TAX)이 가격을 올리는 반면 방 개수(RM)는 가격을 낮춘다는 것을 알 수 있다.

```
>>> shap.force_plot(
...     exp.expected_value,
...     vals[sample_idx],
...     bos_X.iloc[sample_idx],
... )
```

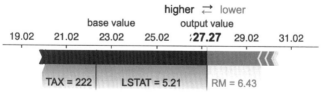

그림 16-1 회귀에 대한 영향력 도표. 기댓값은 인구 현황 및 재산세율로 인해 23에서 27로 올라간다.

모든 샘플에 대한 영향력 도표를 나타내면 전체적인 관점에서의 행동을 파악할 수 있다. 주피터 노트북과 같은 대화형 인터페이스를 사용하는 경우, 샘플 위로 마우스를 올려 두면 어떤 특징들이 그 결과에 영향을 미쳤는지 알 수 있다(그림 16-2).

```
>>> shap.force_plot(
...     exp.expected_value, vals, bos_X
... )
```

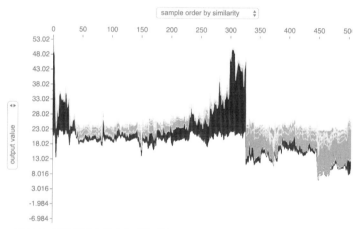

그림 16-2 모든 샘플의 회귀애 대한 영향력 도표

샘플에 대한 영향력 도표로부터 LSTAT이란 특징이 미치는 영향력이 크다는 것을 파악할 수 있었다. 한편 의존성 도표dependence plot를 만들면 LSTAT이 결과에 미치는 영향을 시각화할 수 있다. 이때 SHAP 라이브러리는 색상을 칠할 특징을 자동으로 선택한다(또는 interaction_index 파라미터를 통해 조정 가능).

LSTAT에 대한 의존성 도표(그림 16-3)로부터 LSTAT의 값이 커지면,

SHAP 값은 내려간다는 사실을 알 수 있다. 또 매우 낮은 LSTAT 값은 SHAP 값을 크게 만든다. TAX에 부여된 색상 정보로부터는 재산세율이 낮을수록(청색 쪽) SHAP 값이 커지는 현상을 알 수 있다.

```
>>> fig, ax = plt.subplots(figsize=(6, 4))
>>> shap.dependence_plot("LSTAT", vals, bos_X)
>>> fig.savefig(
...     "images/mlpr_1603.png",
...     bbox_inches="tight",
...     dpi=300,
... )
```

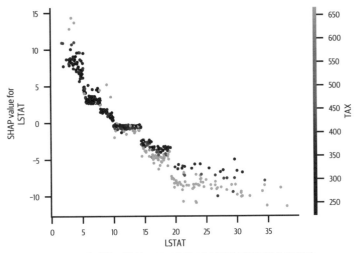

그림 16-3 LSTAT에 대한 의존성 도표. LSTAT가 커지면 예측값은 낮아진다.

그림 16-4는 DIS(고용센터까지의 거리)를 탐구하는 또 다른 의존성 도표를 보여 준다. 이로부터 이 특징은 값이 매우 적지 않은 한 영향이 미비한 것으로 보임을 알 수 있다.

```
>>> fig, ax = plt.subplots(figsize=(6, 4))
>>> shap.dependence_plot(
...     "DIS", vals, bos_X, interaction_index="RM"
... )
>>> fig.savefig(
...     "images/mlpr_1604.png",
...     bbox_inches="tight",
...     dpi=300,
... )
```

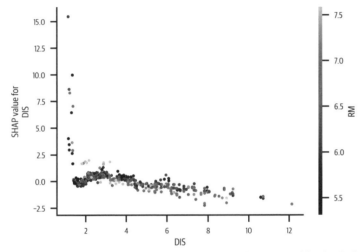

그림 16-4 DIS에 대한 의존성 도표. DIS가 매우 작지 않은 한 SHAP 값은 비교적 평평하게 유지된다.

마지막으로는 요약 도표summary plot를 사용하여 특징들의 전반적인 영향을 알아본다(그림 16-5). 모델에 가장 큰 영향을 미치는 특징들은 도표 상단 부분에 위치한다. 이로부터 큰 RM 값은 타깃 값을 매우 크게 만드는 반면, 중간 내지 작은 RM 값은 타깃 값을 약간만 내린다는 것을 알 수 있다.

```
>>> fig, ax = plt.subplots(figsize=(6, 4))
>>> shap.summary_plot(vals, bos_X)
>>> fig.savefig(
...     "images/mlpr_1605.png",
...     bbox_inches="tight",
...     dpi=300,
... )
```

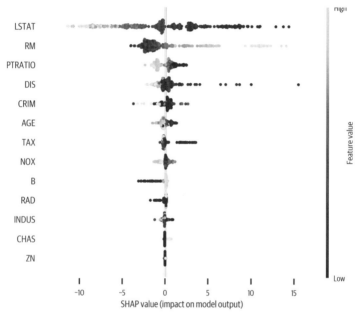

그림 16-5 요약 도표. 가장 중요한 특징이 상단에 위치한다.

SHAP 라이브러리는 사용법을 익혀 두면 유용한 도구다. 특징들의 전반적인 영향에 대한 이해뿐만 아니라 개별 예측을 해석하는 데에도 유용하게 사용될 수 있다.

17

차원성 감소

많은 특징을 작은 부분 집합으로 분해하는 여러 가지 기법이 있다. 이런 기법들은 탐색적 데이터 분석EDA, 시각화, 예측 모델의 구축, 클러스터링에 유용할 수 있다.

17장에서는 PCA, UMAP, t-SNE, PHATE와 같은 다양한 기법을 사용하여 타이타닉 데이터셋을 탐색한다.

다음이 사용할 데이터다.

```
>>> ti_df = tweak_titanic(orig_df)
>>> std_cols = "pclass,age,sibsp,fare".split(",")
>>> X_train, X_test, y_train, y_test =
get_train_test_X_y(
...     ti_df, "survived", std_cols=std_cols
... )
>>> X = pd.concat([X_train, X_test])
>>> y = pd.concat([y_train, y_test])
```

17.1 PCA

주성분 분석Principal Component Analysis, PCA은 샘플과 특징을 행과 열로 가진 행렬(X)을 입력받는다. 그리고 PCA는 새로운 행렬을 반환하는데, 이행렬의 열은 원본 열을 선형적으로 조합한 것이다. 이때 선형 조합은 분산을 최대화한다.

각 열은 다른 열들에 직교(직각)한다. 그리고 열들은 분산을 감소시키는 순서대로 정렬된다.

사이킷런은 PCA를 제공한다. PCA 알고리즘은 수행 전 데이터가 표준화되어 있을 때 가장 잘 작동한다. .fit 메서드를 호출하고 나면 각 열의 분산 비율 정보를 담은 .explained_variance_ratio라는 속성에 접근할 수 있다.

PCA는 2차원 또는 3차원적으로 데이터를 시각화하는 데 유용하다. 또한 데이터에 낀 무작위적인 노이즈를 걷어 내는 전처리 작업으로도 사용된다. 지역적 구조보다는 전체적 구조를 발견하는 데 좋으며, 선형 데이터에서 잘 작동한다.

아래는 타이타닉 데이터의 특징들을 대상으로 PCA를 수행하는 예제 코드다. PCA는 사이킷런이 제공하는 **transformer**의 일종이다. 즉 .fit 메서드를 호출하여 주성분을 생성하는 방법을 학습시키고, 이를 토대로 .transform 메서드를 호출하여 행렬을 주성분 행렬로 변환할 수 있다.

```
>>> from sklearn.decomposition import PCA
>>> from sklearn.preprocessing import (
...     StandardScaler,
... )
>>> pca = PCA(random_state=42)
>>> X_pca = pca.fit_transform(
```

```
...        StandardScaler().fit_transform(X)
... )
>>> pca.explained_variance_ratio_
array([0.23917891, 0.21623078, 0.19265028,
   0.10460882, 0.08170342, 0.07229959,
   0.05133752, 0.04199068])

>>> pca.components_[0]
arrayarray([-0.63368693, 0.39682566,
   0.00614498, 0.11488415, 0.58075352,
   -0.19046812, -0.21190808, -0.09631388])
```

PCA 인스턴스는 다음과 같은 파라미터를 가진다.

n_components=None

생성할 성분의 개수. None인 경우 원래의 열과 동일한 개수를 반환한다. 이 값이 0과 1 사이의 부동소수라면 이는 분산의 비율을 나타내며 해당 분산에 도달하는 데 필요한 만큼의 성분이 생성된다.

copy=True

True로 설정되면 .fit이 수행되는 동안 데이터가 변경될 수 있다.

whiten=False

상관관계가 없는 성분을 확인하기 위한 화이트닝 변환의 사용 여부

svd_solver='auto'

'auto'를 선택하면 n_components가 최소 차원의 80% 미만일 때 'randomized' SVD를 수행한다(더 빠르지만 근사치). 이 조건을 만족하지 않으면 'full' SVD를 수행한다.

tol=0.0

특잇값에 대한 임곗값

iterated_power='auto'

'randomized' svd_solver에 대한 반복 횟수

random_state=None
    'randomized' svd_solver에 대한 난수 생성 시드

속성:

components_
    주성분(원본 특징에 대한 선형 결합 가중치 열)

explained_variance_
    각 성분에 대한 분산 정도

explained_variance_ratio_
    정규화된 각 성분에 대한 분산 정도(합이 1)

singular_values_
    각 성분에 대한 특잇값

mean_
    각 특징의 평균

n_components_
    n_components의 값이 부동소수일 때의 성분들의 크기

noise_variance_
    추정된 노이즈 공분산

해석된 분산 비율의 누적 합을 도표로 그린 것을 **스크리 도표**scree plot라고 한다(그림 17-1). 이 도표는 성분들에 저장된 정보의 양을 보여 준다. **엘보법**elbow method을 사용하면 벤드(도표상 구부러진 곳) 여부를 확인하여 사용할 성분 수를 결정할 수 있다.

```
>>> fig, ax = plt.subplots(figsize=(6, 4))
>>> ax.plot(pca.explained_variance_ratio_)
>>> ax.set(
...     xlabel="Component",
...     ylabel="Percent of Explained variance",
...     title="Scree Plot",
```

```
...        ylim=(0, 1),
... )
>>> fig.savefig(
...        "images/mlpr_1701.png",
...        dpi=300,
...        bbox_inches="tight",
... )
```

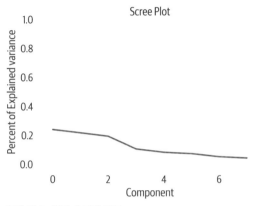

그림 17-1 PCA 스크리 도표

누적 도표를 사용하여 이 데이터를 또 다른 방법으로 바라볼 수 있다
(그림 17-2). 원본 데이터에는 8개의 열이 있었지만, 도표상으로 볼 때 4
개의 PCA 성분만으로도 분산의 90%가 유지된다는 것을 알 수 있다.

```
>>> fig, ax = plt.subplots(figsize=(6, 4))
>>> ax.plot(
...        np.cumsum(pca.explained_variance_ratio_)
... )
>>> ax.set(
...        xlabel="Component",
...        ylabel="Percent of Explained variance",
...        title="Cumulative Variance",
...        ylim=(0, 1),
... )
```

```
>>> fig.savefig("images/mlpr_1702.png", dpi=300)
```

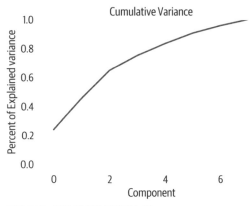

그림 17-2 PCA 해석된 분산의 누적

몇 개의 특징이 성분에 영향을 미칠까? matplotlib의 imshow 함수로 x
축에는 성분들을 y축에는 원본 특징들을 배열한 도표를 그릴 수 있다
(그림 17-3). 이때 색상이 진할수록 보다 많은 원본 특징들이 해당 요소
에 기여한다고 해석할 수 있다.

다음의 결과로부터 첫 번째 성분이 pclass, age, fare 열로부터 영향을
많이 받는다고 해석할 수 있다. (스펙트럼 컬러맵(cmap)을 사용하면 0이 아
닌 값을 강조하며, vmin 및 vmax를 제공하면 색상바 범례에 제한을 추가한다.)

```
>>> fig, ax = plt.subplots(figsize=(6, 4))
>>> plt.imshow(
...     pca.components_.T,
...     cmap="Spectral",
...     vmin=-1,
...     vmax=1,
... )
>>> plt.yticks(range(len(X.columns)), X.columns)
>>> plt.xticks(range(8), range(1, 9))
```

```
>>> plt.xlabel("Principal Component")
>>> plt.ylabel("Contribution")
>>> plt.title(
...     "Contribution of Features to Components"
... )
>>> plt.colorbar()
>>> fig.savefig("images/mlpr_1703.png", dpi=300)
```

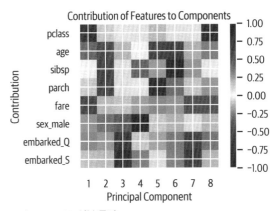

그림 17-3 PCA 성분 특징

막대그래프를 사용하면 또 다른 시각으로 바라볼 수 있다(그림 17-4). 원본 데이터의 기여도와 함께 각 성분이 표시된다.

```
>>> fig, ax = plt.subplots(figsize=(8, 4))
>>> pd.DataFrame(
...     pca.components_, columns=X.columns
... ).plot(kind="bar", ax=ax).legend(
...     bbox_to_anchor=(1, 1)
... )
>>> fig.savefig("images/mlpr_1704.png", dpi=300)
```

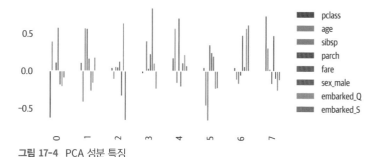

그림 17-4 PCA 성분 특징

특징의 개수가 많은 경우 최소 가중치를 만족하는 특징들만 도표에 표시해야 할지도 모른다. 다음은 처음 두 성분 중 절댓값이 적어도 0.5인 모든 특징을 찾아 주는 코드다.

```
>>> comps = pd.DataFrame(
...     pca.components_, columns=X.columns
... )
>>> min_val = 0.5
>>> num_components = 2
>>> pca_cols = set()
>>> for i in range(num_components):
...     parts = comps.iloc[i][
...         comps.iloc[i].abs() > min_val
...     ]
...     pca_cols.update(set(parts.index))
>>> pca_cols
{'fare', 'parch', 'pclass', 'sibsp'}
```

PCA의 일반적인 사용 사례는 고차원적 데이터셋을 두 성분으로 시각화하는 것이다. 아래는 타이타닉 데이터셋에 포함된 특징들을 2D로 시각화하는 코드를 보여 준다. 이때 색상은 생존 상태를 의미한다. 때로는 시각화를 했을 때 클러스터가 나타나기도 한다. 다만 아래 예제의 시각화에서는 생존 상태에 대해 드러난 클러스터가 없다(그림 17-5).

아래 시각화 예제는 옐로브릭 라이브러리를 사용했다.

```
>>> from yellowbrick.features.pca import (
...     PCADecomposition,
... )
>>> fig, ax = plt.subplots(figsize=(6, 4))
>>> colors = ["rg"[j] for j in y]
>>> pca_viz = PCADecomposition(color=colors)
>>> pca_viz.fit_transform(X, y)
>>> pca_viz.poof()
>>> fig.savefig("images/mlpr_1705.png", dpi=300)
```

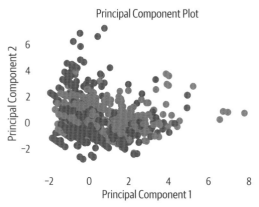

그림 17-5 옐로브릭으로 그린 PCA 그래프

열에 따라 산점도를 색칠하고 (색상바가 아닌) 범례를 추가하려면 각
색상을 반복문으로 하나씩 접근하여 pandas 또는 matplotlib(또는
seaborn)를 사용해서 개별 그룹에 대한 도표를 그려 줘야 한다. 추가적
으로, 아래 예제에서는 가로세로 비율aspect ratio을 성분에 대한 설명된
분산의 비율로 설정하였다(그림 17-6). 두 번째 성분의 범위는 첫 번째
성분의 90% 수준이어서 약간 짧은 것을 알 수 있다.

아래 시각화 예제는 seaborn 라이브러리를 사용했다.

```
>>> fig, ax = plt.subplots(figsize=(6, 4))
>>> pca_df = pd.DataFrame(
...     X_pca,
...     columns=[
...         f"PC{i+1}"
...         for i in range(X_pca.shape[1])
...     ],
... )
>>> pca_df["status"] = [
...     ("deceased", "survived")[i] for i in y
... ]
>>> evr = pca.explained_variance_ratio_
>>> ax.set_aspect(evr[1] / evr[0])
>>> sns.scatterplot(
...     x="PC1",
...     y="PC2",
...     hue="status",
...     data=pca_df,
...     alpha=0.5,
...     ax=ax,
... )
>>> fig.savefig(
...     "images/mlpr_1706.png",
...     dpi=300,
...     bbox_inches="tight",
... )
```

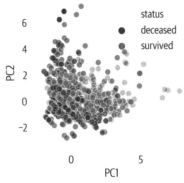

그림 17-6 seaborn으로 그린 범례 및 상대적인 비율을 가진 PCA 그래프

다음은 앞서 그린 산점도 위에 적재도loading plot를 함께 보여 주는 경우다. 이렇게 그려진 도표는 산점도와 적재도를 같이 표현해서 행렬도biplot라고 불린다(그림 17-7). 적재도는 각 특징의 강한 영향력의 정도와 각 특징들 간의 상관관계를 표현한다. 각 선들이 가까울수록 상관관계가 있을 가능성이 높다. 반면 직각이 되는 두 선에 대한 특징들은 상관관계가 없을 가능성이 높다. 그리고 각도가 180도에 가깝다면 특징들은 서로 부정적인 상관관계를 가진다.

```
>>> fig, ax = plt.subplots(figsize=(6, 4))
>>> pca_df = pd.DataFrame(
...     X_pca,
...     columns=[
...         f"PC{i+1}"
...         for i in range(X_pca.shape[1])
...     ],
... )
>>> pca_df["status"] = [
...     ("deceased", "survived")[i] for i in y
... ]
>>> evr = pca.explained_variance_ratio_
>>> x_idx = 0 # x_pc
>>> y_idx = 1 # y_pc
```

```
>>> ax.set_aspect(evr[y_idx] / evr[x_idx])
>>> x_col = pca_df.columns[x_idx]
>>> y_col = pca_df.columns[y_idx]
>>> sns.scatterplot(
...     x=x_col,
...     y=y_col,
...     hue="status",
...     data=pca_df,
...     alpha=0.5,
...     ax=ax,
... )
>>> scale = 8
>>> comps = pd.DataFrame(
...     pca.components_, columns=X.columns
... )
>>> for idx, s in comps.T.iterrows():
...     plt.arrow(
...         0,
...         0,
...         s[x_idx] * scale,
...         s[y_idx] * scale,
...         color="k",
...     )
...     plt.text(
...         s[x_idx] * scale,
...         s[y_idx] * scale,
...         idx,
...         weight="bold",
...     )
>>> fig.savefig(
...     "images/mlpr_1707.png",
...     dpi=300,
...     bbox_inches="tight",
... )
```

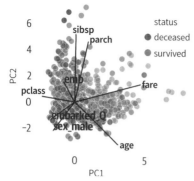

그림 17-7 seaborn으로 그린 산점도와 적재도를 모두 포함한 행렬도

이전 트리 기반 모델로부터 나이, 요금, 성별이 승객의 생존 여부 결정에 중요한 특징이라는 것을 확인하였다. 첫 번째 주성분은 승객의 등급, 나이, 요금의 영향을 받은 반면, 네 번째 주성분은 성별의 영향을 받았다. 이 두 주성분에 대한 그래프를 그려 보자.

이번에 그리는 그래프 또한 성분의 분산 비율에 따라 가로세로 비율을 조정한다(그림 17-8).

이렇게 그려진 그래프는 생존자를 보다 정확히 구분짓는 것으로 보인다.

```
>>> fig, ax = plt.subplots(figsize=(6, 4))
>>> pca_df = pd.DataFrame(
...     X_pca,
...     columns=[
...         f"PC{i+1}"
...         for i in range(X_pca.shape[1]
...     ],
... )
>>> pca_df["status"] = [
...     ("deceased", "survived")[i] for i in y
... ]
>>> evr = pca.explained_variance_ratio_
>>> ax.set_aspect(evr[3] / evr[0])
```

```
>>> sns.scatterplot(
...     x="PC1",
...     y="PC4",
...     hue="status",
...     data=pca_df,
...     alpha=0.5,
...     ax=ax,
... )
>>> fig.savefig(
...     "images/mlpr_1708.png",
...     dpi=300,
...     bbox_inches="tight",
... )
```

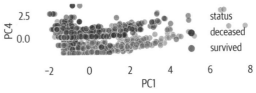

그림 17-8 PCAd의 첫 번째와 네 번째 주성분에 대한 그래프

matplotlib은 도표를 예쁘게 그릴 수 있지만, 대화형 도표를 만드는 것에는 약하다. PCA 수행으로 그린 산점도상의 데이터를 즉각적으로 확인 가능하면 유용할 것이다. 다음은 Bokeh 라이브러리[1]로 대화형 산점도를 만드는 함수이며, 이 함수는 주피터 노트북에서도 잘 작동한다(그림 17-9).

```
>>> from bokeh.io import output_notebook
>>> from bokeh import models, palettes, transform
>>> from bokeh.plotting import figure, show
>>>
>>> def bokeh_scatter(
...     x,
```

---

1   https://bokeh.pydata.org/

```
...        y,
...        data,
...        hue=None,
...        label_cols=None,
...        size=None,
...        legend=None,
...        alpha=0.5,
... ):
...        """
...        x - x column name to plot
...        y - y column name to plot
...        data - pandas DataFrame
...        hue - column name to color by (numeric)
...        legend - column name to label by
...        label_cols - columns to use in tooltip
...        (None all in DataFrame)
...        size - size of points in screen space unigs
...        alpha - transparency
...        """
...        output_notebook()
...        circle_kwargs = {}
...        if legend:
...            circle_kwargs["legend"] = legend
...        if size:
...            circle_kwargs["size"] = size
...        if hue:
...            color_seq = data[hue]
...            mapper = models.LinearColorMapper(
...                palette=palettes.viridis(256),
...                low=min(color_seq),
...                high=max(color_seq),
...            )
...            circle_kwargs[
...                "fill_color"
...            ] = transform.transform(hue, mapper)
...        ds = models.ColumnDataSource(data)
...        if label_cols is None:
...            label_cols = data.columns
...        tool_tips = sorted(
...            [
...                (x, "@{}".format(x))
...                for x in label_cols
```

```
...             ],
...             key=lambda tup: tup[0],
...         )
...         hover = models.HoverTool(
...             tooltips=tool_tips
...         )
...         fig = figure(
...             tools=[
...                 hover,
...                 "pan",
...                 "zoom_in",
...                 "zoom_out",
...                 "reset",
...             ],
...             toolbar_location="below",
...         )
...         fig.circle(
...             x,
...             y,
...             source=ds,
...             alpha=alpha,
...             **circle_kwargs
...         )
...         show(fig)
...         return fig
>>> res = bokeh_scatter(
...         "PC1",
...         "PC2",
...         data=pca_df.assign(
...             surv=y.reset_index(drop=True)
...         ),
...         hue="surv",
...         size=10,
...         legend="surv",
... )
```

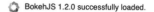

BokehJS 1.2.0 successfully loaded.

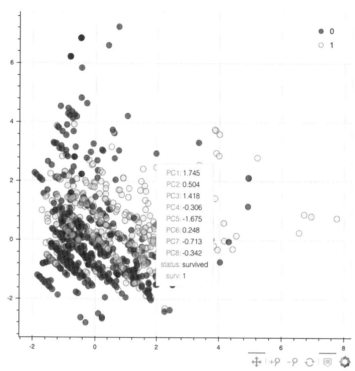

PC1: 1.745
PC2: 0.504
PC3: 1.418
PC4: -0.306
PC5: -1.675
PC6: 0.248
PC7: -0.713
PC8: -0.342
status: survived
surv: 1

그림 17-9 Bokeh 라이브러리로 그린 툴팁을 가진 산점도

또한 옐로브릭은 3차원 그래프를 그릴 수도 있다(그림 17-10).

```
>>> from yellowbrick.features.pca import (
...     PCADecomposition,
... )
>>> colors = ["rg"[j] for j in y]
>>> pca3_viz = PCADecomposition(
...     proj_dim=3, color=colors
... )
>>> pca3_viz.fit_transform(X, y)
>>> pca3_viz.finalize()
```

```
>>> fig = plt.gcf()
>>> plt.tight_layout()
>>> fig.savefig(
...     "images/mlpr_1710.png",
...     dpi=300,
...     bbox_inches="tight",
... )
```

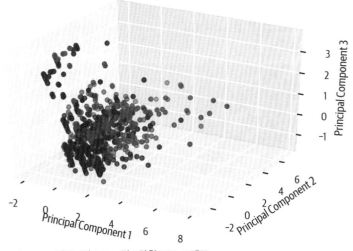

그림 17-10 옐로브릭으로 그린 3차원 PCA 그래프

scprep 라이브러리[2]에도 유용한 도표 그리기 기능이 들어 있다. 이 라이브러리는 잠시 후 언급될 PHATE 라이브러리에 의존성을 가진다. scprep 라이브러리의 rotate_scatter3d 함수는 주피터 노트북에서 애니메이션 기능을 가진 그래프를 생성할 수 있다(그림 17-11).

scprep 라이브러리가 PHATE에 의존성을 가지지만, PHATE를 포함한 모든 3차원 데이터를 시각화하는 것이 가능하다.

---

2   https://oreil.ly/Jdq1s

```
>>> import scprep
>>> scprep.plot.rotate_scatter3d(
...     X_pca[:, :3],
...     c=y,
...     cmap="Spectral",
...     figsize=(8, 6),
...     label_prefix="Principal Component",
... )
```

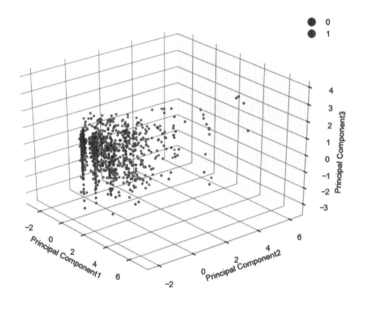

그림 17-11 screp 라이브러리로 그린 3차원 PCA 애니메이션

주피터 노트북에서 %notebook이라는 매직 모드를 사용하면 matplotlib
으로도 대화형 3차원 도표를 그릴 수 있다(그림 17-12).

```
>>> from mpl_toolkits.mplot3d import Axes3D
>>> fig = plt.figure(figsize=(6, 4))
>>> ax = fig.add_subplot(111, projection="3d")
>>> ax.scatter(
...     xs=X_pca[:, 0],
...     ys=X_pca[:, 1],
...     zs=X_pca[:, 2],
...     c=y,
...     cmap="viridis",
... )
>>> ax.set_xlabel("PC 1")
>>> ax.set_ylabel("PC 2")
>>> ax.set_zlabel("PC 3")
```

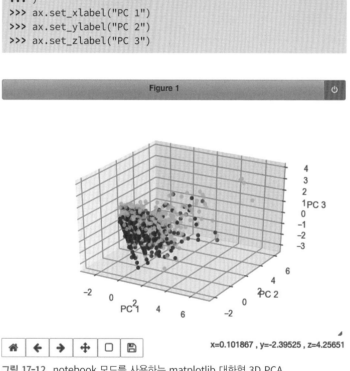

그림 17-12 notebook 모드를 사용하는 matplotlib 대화형 3D PCA

주의사항

주피터 노트북에서 매직 모드를

%matplotlib inline

에서

%matplotlib notebook

으로 전환하면 가끔 주피터 노트북의 응답이 끊어지는 현상이 발생한다는 사실을 알아두자.

17.2 UMAP

균일 매니폴드 근사와 투영Uniform Manifold Approximation and Projection(UMAP)[3] 은 매니폴드 학습을 사용하는 차원 감소 기법으로, 유사한 것들을 위상적으로 유지하는 경향을 가진다. UMAP은 지역적 구조를 선호하는 t-SNE(273페이지의 't-SNE' 참고)와는 달리 전역적, 지역적 구조 모두를 보존하려는 특성을 지녔다.

파이썬의 구현체는 다중 코어를 지원하지 않는다.

정규화를 적용하면 각 특징들의 값을 동일한 척도를 따르도록 만들 수 있다.

UMAP은 하이퍼파라미터(n_neighbors, min_dist, n_components, metric)에 매우 민감하다. 다음은 몇 가지 예를 보여 준다.

```
>>> import umap
>>> u = umap.UMAP(random_state=42)
>>> X_umap = u.fit_transform(
...     StandardScaler().fit_transform(X)
... )
```

---

3 https://oreil.ly/qF8RJ

```
>>> X_umap.shape
(1309, 2)
```

UMAP 인스턴스는 다음과 같은 파라미터를 가진다.

n_neighbors=15
　　지역적 이웃을 아우르는 범위의 크기. 큰 값은 전역적인 뷰를, 작은
　　값은 보다 지역적인 뷰를 의미한다.

n_components=2
　　임베딩 차원의 수

metric='euclidean'
　　거리 측정에 사용하는 평가 지표. 1차원 배열 2개를 수용하고 단일
　　부동소수를 반환하는 함수를 지정할 수도 있다.

n_epochs=None
　　학습 에포크의 횟수. 디폴트 값은 200 또는 500이다(데이터의 크기에
　　따라 다르다).

learning_rate=1.0
　　임베딩 최적화를 위한 학습률

init='spectral'
　　초기화 방식. 디폴트는 스펙트럴 임베딩 방식이 사용되며, 'random'
　　또는 위치를 나타낸 numpy 배열이 될 수도 있다.

min_dist=0.1
　　임베딩된 점들 사이의 최소 거리로 0과 1 사이 범위의 값을 가진다.
　　값이 작을수록 좀 더 덩어리 형태가 되며, 값이 클수록 좀 더 퍼진
　　것을 의미한다.

spread=1.0
　　임베딩된 점들의 거리를 결정한다.

set_op_mix_ratio=1.0

0과 1 사이의 값으로, 1은 퍼지 합집합, 0은 퍼지 교집합을 의미한다.

local_connectivity=1.0

지역적 연결성을 위한 이웃의 개수. 값이 클수록 보다 많은 지역적 연결이 생성된다.

repulsion_strength=1.0

반발력. 값이 클수록 음성 샘플에 더 많은 가중치를 부여한다.

negative_sample_rate=5

양성 샘플당 음성 샘플의 비율. 값이 클수록 더 큰 반발력과 더 큰 최적화 비용, 보다 나은 정확도가 예상된다.

transform_queue_size=4.0

최근접 이웃 검색의 적극성. 값이 클수록 계산 속도는 느려지지만 더 나은 정확도를 얻을 수 있다.

a=None

임베딩 제어 파라미터. 이 값이 None이면 UMAP은 이를 min_dist 및 spread를 통해서 결정한다.

b=None

임베딩 제어 파라미터. 이 값이 None이면 UMAP은 이를 min_dist 및 spread를 통해서 결정한다.

random_state=None

난수 생성 시드

metric_kwds=None

metric에 지정된 'minkowski'(및 다른 평가 지표) 또는 사용자 정의 함수에 추가적인 파라미터 전달을 위한 딕셔너리

angular_rp_forest=False

무작위 각도 투영angular random projection의 사용 여부

```
target_n_neighbors=-1
```
심플렉스 집합에 대한 이웃의 개수

```
target_metric='categorical'
```
지도 차원 감소_{supervised reduction} 사용 시 설정되는 평가 지표. 'L1' 또는 'L2'로 지정될 수 있으며, 입력 x로부터 두 배열을 입력받고 둘 사이의 거리를 반환하는 사용자 정의 함수로 지정될 수도 있다.

```
target_metric_kwds=None
```
target_metric에 지정된 사용자 정의 함수에 추가적인 파라미터 전달을 위한 딕셔너리

```
target_weight=0.5
```
가중 계수. 0.0과 1.0 사이의 값을 가지며, 0은 데이터에만 기반하고 1은 타깃에만 기반함을 뜻한다.

```
transform_seed=42
```
변환 작업에 대한 난수 생성 시드

```
verbose=False
```
상세 내용의 출력 여부를 설정한다.

속성:

```
embedding_
```
임베딩 결과

다음은 타이타닉 데이터셋에 적용된 UMAP의 기본 결과를 시각화한 것이다(그림 17-13).

```
>>> fig, ax = plt.subplots(figsize=(8, 4))
>>> pd.DataFrame(X_umap).plot(
...     kind="scatter",
...     x=0,
...     y=1,
...     ax=ax,
```

```
...        c=y,
...        alpha=0.2,
...        cmap="Spectral",
... )
>>> fig.savefig("images/mlpr_1713.png", dpi=300)
```

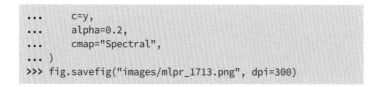

그림 17-13 UMAP 결과

UMAP의 결과를 조정하려면 우선적으로 `n_neighbors` 및 `min_dist` 하이퍼파라미터에 초점을 둔다. 다음은 이 두 파라미터의 값에 변화를 준 상황을 보여 준다(그림 17-14 및 17-15).

```
>>> X_std = StandardScaler().fit_transform(X)
>>> fig, axes = plt.subplots(2, 2, figsize=(6, 4))
>>> axes = axes.reshape(4)
>>> for i, n in enumerate([2, 5, 10, 50]):
...     ax = axes[i]
...     u = umap.UMAP(
...         random_state=42, n_neighbors=n
...     )
...     X_umap = u.fit_transform(X_std)
...
...     pd.DataFrame(X_umap).plot(
...         kind="scatter",
...         x=0,
...         y=1,
```

```
...            ax=ax,
...            c=y,
...            cmap="Spectral",
...            alpha=0.5,
...        )
...        ax.set_title(f"nn={n}")
>>> plt.tight_layout()
>>> fig.savefig("images/mlpr_1714.png", dpi=300)
```

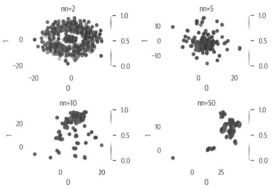

그림 17-14 n_neighbors를 조정한 UMAP의 결과

```
>>> fig, axes = plt.subplots(2, 2, figsize=(6, 4))
>>> axes = axes.reshape(4)
>>> for i, n in enumerate([0, 0.33, 0.66, 0.99]):
...     ax = axes[i]
...     u = umap.UMAP(random_state=42, min_dist=n)
...     X_umap = u.fit_transform(X_std)
...     pd.DataFrame(X_umap).plot(
...         kind="scatter",
...         x=0,
...         y=1,
...         ax=ax,
...         c=y,
...         cmap="Spectral",
...         alpha=0.5,
...     )
```

```
...      ax.set_title(f"min_dist={n}")
>>> plt.tight_layout()
>>> fig.savefig("images/mlpr_1715.png", dpi=300)
```

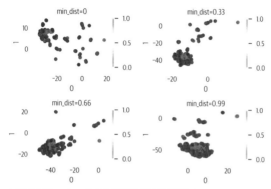

그림 17-15 min_dist를 조정한 UMAP의 결과

때로는 차원을 감소시키고 계산의 속도를 높이기 위해 UMAP 이전에
PCA를 수행하기도 한다.

17.3 t-SNE

t-분포 확률적 임베딩t-Distributed Stochastic Neighboring Embedding, t-SNE은 시
각화 및 차원성 감소 기법이다. 입력 및 저차원 임베딩의 분포 사이의
동시 확률 분포를 최소화한다. 계산 집약적인 작업이기 때문에 대규모
데이터셋에서는 이 기법을 활용하지 못할 수도 있다.

t-SNE의 한 가지 특징은 하이퍼파라미터에 상당히 민감하다는 것이다.
또한 지역적인 클러스터를 꽤 잘 보존하는 반면, 전역적인 정보는 잘 보
존하지 못한다. 이 경우 클러스터 간의 거리에는 의미가 없다. 마지막으
로 t-SNE는 결정론적 알고리즘이 아니어서 수렴하지 않을지도 모른다.

이 기법을 사용하기 전에 데이터를 표준화하는 것이 좋다.

```
>>> from sklearn.manifold import TSNE
>>> X_std = StandardScaler().fit_transform(X)
>>> ts = TSNE()
>>> X_tsne = ts.fit_transform(X_std)
```

TSNE 인스턴스는 다음과 같은 파라미터를 가진다.

n_components=2
　　임베딩 차원 수

perplexity=30.0
　　권장 값은 5와 50 사이다. 값이 작을수록 보다 응집된 덩어리를 만
　　드는 경향이 있다.

early_exaggeration=12.0
　　클러스터 간의 응집 정도를 제어한다. 값이 클수록 클러스터 간에
　　는 더 넓은 공간이 있음을 의미한다.

learning_rate=200.0
　　일반적으로 10과 1000 사이의 값이다. 데이터가 공 모양이라면 값
　　을 낮추고, 데이터가 압축된 모양이라면 값을 늘린다.

n_iter=1000
　　반복 횟수

n_iter_without_progress=300
　　이 횟수만큼 반복한 후에도 향상이 없는 경우 중단된다.

min_grad_norm=1e-07
　　경사도 놈(norm)이 이 값보다 낮으면 최적화가 중단된다.

metric='euclidean'
　　scipy.spatial.distance.pdist, pairwise.PAIRWISE_DISTANCE_

METRIC 또는 함수로 정의된 거리 평가 지표

init='random'

임베딩 초기화 방식

verbose=0

상세 내용의 출력 여부를 설정한다.

random_state=None

난수 생성 시드

method='barnes_hut'

경사도 계산 알고리즘

angle=0.5

경사도 계산 알고리즘이 'barnes_hut'인 경우에만 적용되는 값으로, 0.2보다 낮으면 런타임을 증가시키며, 0.8보다 크면 오차를 증가시킨다.

속성:

embedding_

임베딩 벡터

kl_divergence_

쿨백-라이블러 발산(KL Divergence)

n_iter_

반복 횟수

다음은 matplotlib을 사용한 t-SNE의 결과를 시각화한 것이다(그림 17-16).

```
>>> fig, ax = plt.subplots(figsize=(6, 4))
>>> colors = ["rg"[j] for j in y]
>>> scat = ax.scatter(
...     X_tsne[:, 0],
...     X_tsne[:, 1],
...     c=colors,
```

```
...         alpha=0.5,
... )
>>> ax.set_xlabel("Embedding 1")
>>> ax.set_ylabel("Embedding 2")
>>> fig.savefig("images/mlpr_1716.png", dpi=300)
```

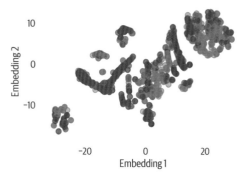

그림 17-16 matplotlib로 시각화한 t-SNE의 결과

perplexity 값을 바꾸면 그래프에 큰 영향을 미칠 수 있다(그림 17-17).
다음은 몇 가지 다른 값들을 시도한 결과다.

```
>>> fig, axes = plt.subplots(2, 2, figsize=(6, 4))
>>> axes = axes.reshape(4)
>>> for i, n in enumerate((2, 30, 50, 100)):
...     ax = axes[i]
...     t = TSNE(random_state=42, perplexity=n)
...     X_tsne = t.fit_transform(X)
...     pd.DataFrame(X_tsne).plot(
...         kind="scatter",
...         x=0,
...         y=1,
...         ax=ax,
...         c=y,
...         cmap="Spectral",
...         alpha=0.5,
...     )
...     ax.set_title(f"perplexity={n}")
```

```
... plt.tight_layout()
... fig.savefig("images/mlpr_1717.png", dpi=300)
```

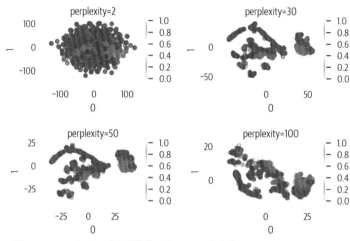

그림 17-17 perplexity 값의 변화에 따른 T-SNE의 결과

17.4 PHATE

친밀도 기반의 궤적 임베딩에 대한 열확산 가능성Potential of Heat-diffusion for Affinity-based Trajectory Embedding, PHATE[4]은 고차원 데이터를 시각화하기 위한 도구다. PCA처럼 전역적인 구조, t-SNE처럼 지역적인 구조 모두를 유지하는 경향을 보인다.

먼저 PHATE는 지역적 정보를 인코딩한다(서로 근접한 점들은 그대로 유지). 그리고 '확산diffusion'을 통해 전역적인 데이터를 발견하고 차원성을 축소한다.

---

4   https://phate.readthedocs.io/

```
>>> import phate
>>> p = phate.PHATE(random_state=42)
>>> X_phate = p.fit_transform(X)
>>> X_phate.shape
```

PHATE 인스턴스는 다음과 같은 파라미터를 가진다.

n_components=2
    차원의 개수

knn=5
    커널을 위한 이웃 개수. 임베딩이 연결되어 있지 않거나 데이터셋의
    샘플 수가 100,000를 초과하는 경우 이 값을 늘린다.

decay=40
    커널의 감쇠율. 값이 낮을수록 그래프의 연결성은 증가한다.

n_landmark=2000
    사용할 랜드마크의 개수

t='auto'
    확산력. 데이터에 평활화가 적용된다. 임베딩에 구조적인 결핍이 있
    는 경우 이 값을 늘린다. 임베딩 구조가 비좁거나 작은 경우에는 값
    을 낮춘다.

gamma=1
    -1과 1 사이의 값을 가지는 정보상의 거리. 임베딩이 단일 지점에 집
    중된 경우에는 이 값을 0으로 설정해 본다.

n_pca=100
    이웃 계산을 위한 주성분 개수

knn_dist='euclidean'
    KNN 평가 지표

mds_dist='euclidean'
    다차원 스케일링Multidimensional Scaling, MDS 평가 지표

```
mds='metric'
```
차원 축소를 위한 MDS 알고리즘

```
n_jobs=1
```
사용할 CPU의 코어 수

```
random_state=None
```
난수 생성 시드

```
verbose=1
```
상세 내용의 출력 여부를 설정한다

속성(이름 끝에 밑줄 _이 없다는 점에 유의):

```
X
```
입력 데이터

```
embedding
```
임베딩 공간

```
diff_op
```
확산 연산자

```
graph
```
입력으로부터 구축된 KNN 그래프

다음은 PHATE를 사용한 예를 보여 준다(그림 17-18).

```
>>> fig, ax = plt.subplots(figsize=(6, 4))
>>> phate.plot.scatter2d(p, c=y, ax=ax, alpha=0.5)
>>> fig.savefig("images/mlpr_1718.png", dpi=300)
```

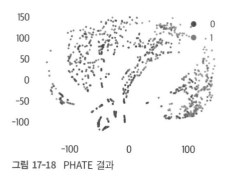

그림 17-18 PHATE 결과

위 인스턴스_{instance} 파라미터에서 살펴본 대로 모델의 작동을 변경하기 위해 조정할 수 있는 몇 가지 파라미터가 있다. 아래는 knn 파라미터 조정의 예다(그림 17-19 참고). .set_params 방법을 사용하면 사전 계산된 그래프와 확산 연산자를 사용하므로 계산 속도가 빨라진다는 점에 유의하자.

```
>>> fig, axes = plt.subplots(2, 2, figsize=(6, 4))
>>> axes = axes.reshape(4)
>>> p = phate.PHATE(random_state=42, n_jobs=-1)

>>> for i, n in enumerate((2, 5, 20, 100)):
...     ax = axes[i]
...     p.set_params(knn=n)
...     X_phate = p.fit_transform(X)
...     pd.DataFrame(X_phate).plot(
...         kind="scatter",
...         x=0,
...         y=1,
...         ax=ax,
...         c=y,
...         cmap="Spectral",
...         alpha=0.5,
...     )
...     ax.set_title(f"knn={n}")
... plt.tight_layout()
... fig.savefig("images/mlpr_1719.png", dpi=300)
```

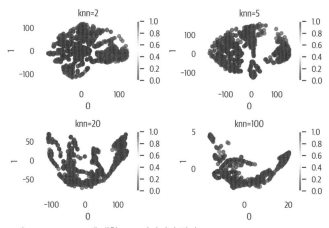

그림 17-19 PHATE에 대한 knn 파라미터 변경

CHAPTER

18

클러스터링

클러스터링은 그룹을 여러 집단으로 분리하는 데 사용되는 비지도 머신러닝 기법이다. 비지도인 이유는 모델에 주입될 레이블이 없기 때문이다. 단지 특징들의 검사를 통해, 같은 클러스터에 속할 유사한 샘플들을 선별한다. 18장에서는 K-평균k-means 및 계층적 클러스터링hierarchical clustering 방법을 알아보고, 다양한 기법을 사용하여 타이타닉 데이터셋을 살펴본다.

18.1 K-평균

K-평균 알고리즘을 사용할 때는 클러스터의 개수 'k'의 값을 선택해야만 한다. 그다음 k개의 중심centroid이 무작위로 선택되고, 그 중심으로부터의 거리 평가 지표에 기반하여 각 샘플의 소속 클러스터가 결정된다. 그러면 모든 샘플의 중심에 기초하여 중심은 재계산된다. 이후 새로운 중심에 대해 일련의 과정을 수렴될 때까지 계속해서 반복한다.

클러스터링은 샘플 간의 유사성을 결정하는 데 거리 지표를 사용하기 때문에 데이터의 규모에 따라 그 행동이 변할 수 있다. 이때는 데이터를 표준화하여 모든 특징들의 값을 동일한 척도로 만들 수 있다.

아래는 타이타닉 승객들을 클러스터링하는 예제다. 우선 2개의 클러스터로 시작하여 생존자와 사망자를 분리해 내는 클러스터가 형성되는지를 확인한다(생존 여부의 데이터가 클러스터링에 유입(누수)되지 않도록 한다. 즉, y 없이 x만 사용).

비지도 알고리즘을 구현한 클래스에도 .fit과 .predict 메서드가 있다. 단, 레이블을 쓰지 않으므로 .fit 메서드는 입력인 X만 수용할 수 있다.

```
>>> from sklearn.cluster import KMeans
>>> X_std = preprocessing.StandardScaler().
                 .fit_transform(X)
>>> km = KMeans(2, random_state=42)
>>> km.fit(X_std)
KMeans(algorithm='auto', copy_x=True,
    init='k-means', max_iter=300,
    n_clusters=2, n_init=10, n_jobs=1,
    precompute_distances='auto',
    random_state=42, tol=0.0001, verbose=0)
```

모델의 학습이 완료되었다면 .predict 메서드로 새로운 샘플이 소속될 클러스터를 식별할 수 있다.

```
>>> X_km = km.predict(X)
>>> X_km
array([1, 1, 1, ..., 1, 1, 1], dtype=int32)
```

KMeans 인스턴스는 다음과 같은 파라미터를 가진다.

n_clusters=8
    생성할 클러스터의 개수

init='kmeans++'

초기화 방법

n_init=10

서로 다른 중심에서 알고리즘을 실행할 횟수. 그중 가장 점수가 좋은 경우가 채택된다.

max_iter=300

실행 반복 횟수

tol=0.0001

수렴 허용 오차

precompute_distances='auto'

거리의 사전 계산(더 많은 메모리를 요구하지만 속도가 더 빠름). 'auto'로 설정되면 n_samples * n_clusters가 1,200만보다 작거나 같을 때 사전 계산을 수행한다.

verbose=0

상세 내용의 출력 여부를 설정한다.

random_state=None

난수 생성 시드

copy_x=True

계산 전에 데이터의 복사 여부. True인 경우 원본 데이터가 훼손되지 않는다.

n_jobs=1

사용할 CPU의 코어 개수

algorithm='auto'

K-평균 알고리즘. 'full'로 설정되면 희소 데이터sparse data로 작동하지만, 'elkan'이 좀 더 효율적이다. 'auto'는 밀집 데이터dense data에 대한 'elkan'를 사용한다.

속성:

cluster_centers_
중심 좌표

labels_
샘플에 대한 레이블

inertia_
클러스터의 중심까지의 거리 제곱에 대한 합

n_iter_
반복 횟수

필요한 클러스터의 개수를 미리 모른다면 약간 까다롭기는 하지만, 여러 가지 개수로 알고리즘을 수행하고 다양한 지표로 평가하는 방식으로 최적의 개수를 얻을 수 있다.

계산된 .inertia_으로 엘보 도표elbow plot를 그린 다음, 곡선이 접히는 부분을 찾아보자. 그 지점이 바로 선택하면 좋을 만한 클러스터 개수를 말해 준다. 다음의 엘보 도표는 곡선이 매끄러우며, 8개의 클러스터 개수 이후로도 큰 향상이 없는 것으로 보인다(그림 18-1).

엘보 도표로부터 접히는 부분을 발견하지 못하는 경우에도 몇 가지 대안은 있다. 또 다른 평가 지표를 사용하는 것인데, 이어지는 내용에서 몇 가지를 소개한다. 클러스터링을 시각화하여 눈으로 구분 가능한 클러스터의 존재를 파악하는 것도 한 방법이다. 마지막으로 데이터에 새로운 특징을 추가하여 클러스터링에 도움이 되는지를 시험해 볼 수도 있다.

다음은 엘보 도표에 대한 코드다.

```
>>> inertias = []
>>> sizes = range(2, 12)
```

```
>>> for k in sizes:
...     k2 = KMeans(random_state=42, n_clusters=k)
...     k2.fit(X)
...     inertias.append(k2.inertia_)
>>> fig, ax = plt.subplots(figsize=(6, 4))
>>> pd.Series(inertias, index=sizes).plot(ax=ax)
>>> ax.set_xlabel("K")
>>> ax.set_ylabel("Inertia")
>>> fig.savefig("images/mlpr_1801.png", dpi=300)
```

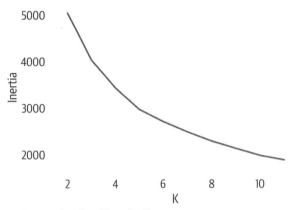

그림 18-1 다소 매끄러워 보이는 엘보 도표

사이킷런은 클러스터링용의 다른 평가 지표도 제공하므로 이들 각각을 계산하고 그래프를 그려 봐도 좋다. **실루엣 계수**Silhouett Coefficient는 −1과 1 사이의 값을 가지며 값이 클수록 좋다. 값 1은 빽빽한 클러스터를 의미하며, 0은 클러스터 간의 겹침이 존재함을 의미한다. 두 개의 클러스터가 형성될 수 있는 데이터에서 가장 좋은 값을 얻을 수 있다.

칼린스키-하라바즈 지수 Calinski-Harabasz Index는 클러스터 간 분산과 클러스터 내 분산의 비율이다. 값이 클수록 좋다. 두 개의 클러스터가 형성될 수 있는 데이터에서 가장 좋은 값을 얻을 수 있다.

데이비스-볼딘 지수 Davis-Bouldin Index는 각 클러스터와 가장 가까운 클러스터 사이의 평균 유사성이다. 0 이상의 값을 가지며, 0일 때가 가장 좋은 클러스터링을 의미한다.

아래는 최적의 클러스터 개수를 파악하기 위해서 다양한 클래스터 수와 실루엣 계수, 칼린스키-하라바즈 지수, 데이비스-볼딘 지수로 얻은 .inertial 속성에 대한 그래프다(그림 18-2). 그 결과, 대부분의 평가 지표는 두 개의 클러스터가 가장 좋다고 판단한 것으로 해석된다.

```
>>> from sklearn import metrics
>>> inertias = []
>>> sils = []
>>> chs = []
>>> dbs = []
>>> sizes = range(2, 12)
>>> for k in sizes:
...     k2 = KMeans(random_state=42, n_clusters=k)
...     k2.fit(X_std)
...     inertias.append(k2.inertia_)
...     sils.append(
...         metrics.silhouette_score(X, k2.labels_)
...     )
...     chs.append(
...         metrics.calinski_harabasz_score(
...             X, k2.labels_
...         )
...     )
...     dbs.append(
...         metrics.davies_bouldin_score(
...             X, k2.labels_
...         )
...     )
>>> fig, ax = plt.subplots(figsize=(6, 4))
>>> (
...     pd.DataFrame(
...         {
...             "inertia": inertias,
```

```
...            "silhouette": sils,
...            "calinski": chs,
...            "davis": dbs,
...            "k": sizes,
...        }
...    )
...    .set_index("k")
...    .plot(ax=ax, subplots=True, layout=(2, 2))
... )
>>> fig.savefig("images/mlpr_1802.png", dpi=300)
```

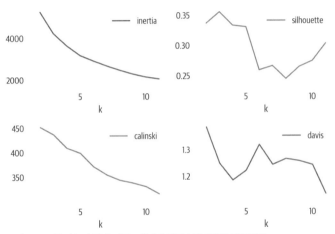

그림 18-2 클러스터 평가 지표. 대부분 클러스터 2개를 지목한다.

클러스터를 결정하는 또 다른 기법은 각 클러스터에 대한 실루엣 계수를 시각화하는 것이다. 옐로브릭 라이브러리는 이를 위한 방법을 제공한다(그림 18-3).

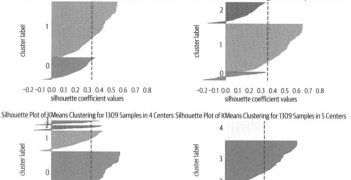

그림 18-3 옐로브릭으로 그린 실루엣 계수에 대한 시각화

그래프의 수직 붉은 점선은 평균을 의미한다. 이를 해석하는 한 가지 방법은 각 클러스터가 평균 이상으로 돌출되는지와, 각 클러스터의 점수가 알맞은지를 확인하는 것이다. 동일한 x의 한계점(ax.set_xlim)이 사용되었는지를 주의한다. 그림 18-3의 결과는 두 개의 클러스터의 선택이 타당함을 말해 준다.

```
>>> from yellowbrick.cluster.silhouette import (
...     SilhouetteVisualizer,
... )
>>> fig, axes = plt.subplots(2, 2, figsize=(12, 8))
>>> axes = axes.reshape(4)
>>> for i, k in enumerate(range(2, 6)):
...     ax = axes[i]
...     sil = SilhouetteVisualizer(
...         KMeans(n_clusters=k, random_state=42),
...         ax=ax,
...     )
...     sil.fit(X_std)
...     sil.finalize()
...     ax.set_xlim(-0.2, 0.8)
```

```
>>> plt.tight_layout()
>>> fig.savefig("images/mlpr_1803.png", dpi=300)
```

18.2 응집 클러스터링

응집(계층적) 클러스터링agglomerative clustering은 또 다른 방법론이다. 우선 각 샘플 자신이 하나의 클러스터로서 시작한다. 그다음 각 클러스터는 '최근접' 클러스터와 결합된다. 이를 계속해서 반복하며, 그 과정에서 최근접 크기를 추적한다.

이 과정이 끝나면 각 클러스터가 생성된 시점, 사용된 거리 지표를 추적하는 트리 구조 또는 덴드로그램을 얻을 수 있다. 덴드로그램은 scipy 라이브러리로 시각화할 수 있다(그림 18-4).

보다시피 샘플이 많은 경우 리프 노드를 읽기가 매우 어렵다.

```
>>> from scipy.cluster import hierarchy
>>> fig, ax = plt.subplots(figsize=(6, 4))
>>> dend = hierarchy.dendrogram(
...     hierarchy.linkage(X_std, method="ward")
... )
>>> fig.savefig("images/mlpr_1804.png", dpi=300)
```

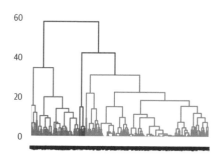

그림 18-4 scipy로 그린 계층적 클러스터링의 덴드로그램

덴드로그램을 얻었다면 (하나부터 표본 개수까지의) 모든 클러스터를 구한 것이다. 덴드로그램의 각 클러스터를 잇는 선의 높이는 각 클러스터 간의 유사도를 표현한다. 최적의 클러스터 개수를 찾으려면 가장 높은 수직선을 가진 수평선들을 '절단'해야 한다.

여기서 그 결과를 보이진 않지만 이 예제에 대해 절단을 수행하면 가장 알맞은 클러스터의 개수는 세 개로 드러난다.

이전 그래프는 모든 샘플을 포함하여 꽤 번잡해 보였다. truncate_mode 파라미터를 사용하면 리프 노드들을 단일 노드로 결합할 수 있다(그림 18-5).

```
>>> from scipy.cluster import hierarchy
>>> fig, ax = plt.subplots(figsize=(6, 4))
>>> dend = hierarchy.dendrogram(
...     hierarchy.linkage(X_std, method="ward"),
...     truncate_mode="lastp",
...     p=20,
...     show_contracted=True,
... )
>>> fig.savefig("images/mlpr_1805.png", dpi=300)
```

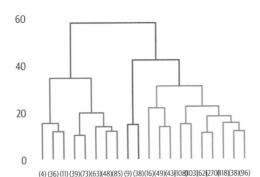

그림 18-5 절단된 계층적 클러스터링의 덴드로그램. 가장 큰 수직선을 절단하여 3개의 클러스터를 얻었다.

적절한 클러스터의 개수를 찾았다면, 사이킷런으로 모델을 만들 차례다. 사이킷런을 사용하여 모델을 만들 수 있다.

```
>>> from sklearn.cluster import (
...     AgglomerativeClustering,
... )
>>> ag = AgglomerativeClustering(
...     n_clusters=4,
...     affinity="euclidean",
...     linkage="ward",
... )
>>> ag.fit(X)
```

사이킷런이 너무 느리다고 생각한다면 최적화된 응집 클러스터링 패키지인 fastcluster[1]를 확인해 본다.

1   https://oreil.ly/OuNuo

18.3 클러스터의 이해

K-평균으로 타이타닉 데이터셋에 대한 두 개의 클러스터를 만든다. pandas의 그룹화 기능을 사용하면 클러스터 간의 차이를 조사할 수 있다. 다음의 코드는 각 특징의 평균과 분산을 조사한다. 그 결과 두 클러스터의 pclass 평균 간에 상당한 차이가 있는 것으로 파악된다.

생존 관련 데이터(레이블)을 다시 집어넣어서 클러스터링이 이와 연관성을 가지는지 확인한다.

```
>>> km = KMeans(n_clusters=2)
>>> km.fit(X_std)
>>> labels = km.predict(X_std)
>>> (
...     X.assign(cluster=labels, survived=y)
...     .groupby("cluster")
...     .agg(["mean", "var"])
...     .T
... )
cluster                      0          1
pclass      mean  0.526538  -1.423831
            var   0.266089   0.136175
age         mean -0.280471   0.921668
            var   0.653027   1.145303
sibsp       mean -0.010464  -0.107849
            var   1.163848   0.303881
parch       mean  0.387540   0.378453
            var   0.829570   0.540587
fare        mean -0.349335   0.886400
            var   0.056321   2.225399
sex_male    mean  0.678986   0.552486
            var   0.218194   0.247930
embarked_Q  mean  0.123548   0.016575
            var   0.108398   0.016345
embarked_S  mean  0.741288   0.585635
            var   0.191983   0.243339
survived    mean  0.596685   0.299894
            var   0.241319   0.210180
```

주피터 노트북에서는 다음의 코드를 DataFrame 마지막에 추가하여 각 행의 크고 작은 값을 강조할 수 있다. 상기 클러스터 요약 정보에서 두드러지는 값을 시각적으로 파악하는 데 유용하다.

```
.style.background_gradient(cmap='RdBu',axis=1)
```

그림 18-6은 각 클러스터의 평균을 막대그래프로 표현한 것이다.

```
>>> fig, ax = plt.subplots(figsize=(6, 4))
... (
...     X.assign(cluster=labels, survived=y)
...     .groupby("cluster")
...     .mean()
...     .T.plot.bar(ax=ax)
... )
>>> fig.savefig(
...     "images/mlpr_1806.png",
...     dpi=300,
...     bbox_inches="tight",
... )
```

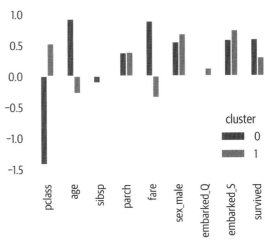

그림 18-6 각 클러스터의 평균값

성분별로 색상을 부여하여 PCA 성분에 따른 그래프도 그려 보면 좋다
(그림 18-7). 다음은 seaborn 라이브러리를 사용한 방법을 보여 준다. 또
한 hue 값에 변화를 주어 클러스터로부터 구별되는 특징을 자세히 살
펴볼 수 있다.

```
>>> fig, ax = plt.subplots(figsize=(6, 4))
>>> sns.scatterplot(
...     "PC1",
...     "PC2",
...     data=X.assign(
...         PC1=X_pca[:, 0],
...         PC2=X_pca[:, 1],
...         cluster=labels,
...     ),
...     hue="cluster",
...     alpha=0.5,
...     ax=ax,
... )
>>> fig.savefig(
...     "images/mlpr_1807.png",
...     dpi=300,
...     bbox_inches="tight",
... )
```

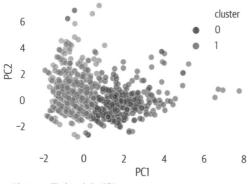

그림 18-7 클러스터에 대한 PCA 도표

단일 특징만 조사하고 싶다면 pandas의 .describe 메서드를 사용할 수
있다.

```
>>> (
...     X.assign(cluster=labels)
...     .groupby("cluster")
...     .age.describe()
...     .T
... )
cluster            0          1
count     362.000000 947.000000
mean        0.921668  -0.280471
std         1.070188   0.808101
min        -2.160126  -2.218578
25%         0.184415  -0.672870
50%         0.867467  -0.283195
75%         1.665179   0.106480
max         4.003228   3.535618
```

또한 대리 모델을 만들어서 클러스터를 해석할 수도 있다. 다음은 디시
전 트리로 클러스터를 해석하는 방법을 보여 준다. 이 결과 또한 (평균에
서 매우 큰 차이를 보여 준) pclass가 매우 중요한 특징이란 것을 보여 준다.

```
>>> dt = tree.DecisionTreeClassifier()
>>> dt.fit(X, labels)
>>> for col, val in sorted(
...     zip(X.columns, dt.feature_importances_),
...     key=lambda col_val: col_val[1],
...     reverse=True,
... ):
...     print(f"{col:10}{val:10.3f}")
pclass         0.902
age            0.074
sex_male       0.016
embarked_S     0.003
fare           0.003
parch          0.003
```

```
sibsp           0.000
embarked_Q      0.000
```

그리고 그림 18-8처럼 디시전 트리를 시각화할 수 있다. 이 시각화는
pclass가 결정을 내릴 때 가장 먼저 봐야 하는 특징임을 보여 준다.

```
>>> dot_data = StringIO()
>>> tree.export_graphviz(
...     dt,
...     out_file=dot_data,
...     feature_names=X.columns,
...     class_names=["0", "1"],
...     max_depth=2,
...     filled=True,
... )
>>> g = pydotplus.graph_from_dot_data(
...     dot_data.getvalue()
... )
>>> g.write_png("images/mlpr_1808.png")
```

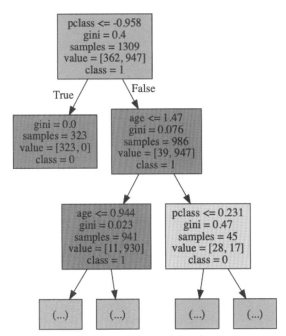

그림 18-8 클러스터링을 설명하는 디시전 트리

CHAPTER

19

파이프라인

사이킷런은 파이프라인이라는 개념을 사용한다. Pipeline 클래스를 사용하면 데이터 변형transformation과 모델을 함께 연결할 수 있으며, 전체 과정을 하나의 사이킷런 모델인 것처럼 취급할 수 있다.

19.1 분류 파이프라인

다음은 파이프라인 내부에 tweak_titanic 함수를 사용한 예제 코드다.

```
>>> from sklearn.base import (
...     BaseEstimator,
...     TransformerMixin,
... )
>>> from sklearn.pipeline import Pipeline

>>> def tweak_titanic(df):
...     df = df.drop(
...         columns=[
...             "name",
...             "ticket",
...             "home.dest",
```

```
...                "boat",
...                "body",
...                "cabin",
...            ]
...        ).pipe(pd.get_dummies, drop_first=True)
...        return df

>>> class TitanicTransformer(
...        BaseEstimator, TransformerMixin
... ):
...        def transform(self, X):
...            # X를 엑셀파일에서 읽어들인 출력으로 가정한다
...            X = tweak_titanic(X)
...            X = X.drop(column="survived")
...            return X
...
...        def fit(self, X, y):
...            return self

>>> pipe = Pipeline(
...        [
...            ("titan", TitanicTransformer()),
...            ("impute", impute.IterativeImputer()),
...            (
...                "std",
...                preprocessing.StandardScaler(),
...            ),
...            ("rf", RandomForestClassifier()),
...        ]
... )
```

파이프라인을 만들고 나면 평소처럼 그 파이프라인 자체에 .fit 및 .score
메서드를 호출할 수 있다.

```
>>> from sklearn.model_selection import (
...        train_test_split,
... )
>>> X_train2, X_test2, y_train2, y_test2 =
train_test_split(
```

```
...     orig_df,
...     orig_df.survived,
...     test_size=0.3,
...     random_state=42,
... )
>>> pipe.fit(X_train2, y_train2)
>>> pipe.score(X_test2, y_test2)
0.7913486005089059
```

파이프라인은 격자 탐색에 활용되곤 한다. 아래 코드의 params는 탐색할 격자를 선언한 딕셔너리형 변수로서, 파이프라인 단계별로 존재하는 파라미터의 이름을 키(key), 탐색될 값의 목록을 값(value)으로 매핑하여 구성한다. 키의 이름은 파이프라인 단계의 이름, 2개의 밑줄, 탐색할 파라미터 이름으로 구성된 문자열 형식을 따라야 한다. 다음은 전체 파이프라인 중 랜덤 포레스트 단계에 대한 몇 가지 파라미터를 추가하는 예를 보여 준다.

```
>>> params = {
...     "rf__max_features": [0.4, "auto"],
...     "rf__n_estimators": [15, 200],
... }

>>> grid = model_selection.GridSearchCV(
...     pipe, cv=3, param_grid=params
... )
>>> grid.fit(orig_df, orig_df.survived)
```

이제 가장 좋은 파라미터 조합을 뽑아내어 최종 모델을 학습시킬 수 있다(여기서는 도출된 파라미터 조합이 앞서 수행된 결과를 뛰어넘지 못했다).

```
>>> grid.best_params_
{'rf__max_features': 0.4, 'rf__n_estimators': 15}
>>> pipe.set_params(**grid.best_params_)
```

```
>>> pipe.fit(X_train2, y_train2)
>>> pipe.score(X_test2, y_test2)
0.7913486005089059
```

사이킷런 모델이 사용되는 곳에는 파이프라인도 사용할 수 있다.

```
>>> metrics.roc_auc_score(
...     y_test2, pipe.predict(X_test2)
... )
0.7813688715131023
```

19.2 회귀 파이프라인

다음은 Boston Housing 데이터셋에 선형 회귀를 수행하는 파이프라인의 예를 보여 준다.

```
>>> from sklearn.pipeline import Pipeline
>>> reg_pipe = Pipeline(
...     [
...         (
...             "std",
...             preprocessing.StandardScaler(),
...         ),
...         ("lr", LinearRegression()),
...     ]
... )
>>> reg_pipe.fit(bos_X_train, bos_y_train)
>>> reg_pipe.score(bos_X_test, bos_y_test)
0.7112260057484934
```

.named_steps 속성에 접근하면 파이프라인 단계별 속성을 검사할 수 있다.

```
>>> reg_pipe.named_steps["lr"].intercept_
23.01581920903956
>>> reg_pipe.named_steps["lr"].coef_
array([-1.10834602,  0.80843998, 0.34313466,
        0.81386426, -1.79804295, 2.913858  ,
       -0.29893918, -2.94251148, 2.09419303,
       -1.44706731, -2.05232232, 1.02375187,
       -3.88579002])_
```

평가 지표 계산에서도 파이프라인을 사용할 수 있다.

```
>>> from sklearn import metrics
>>> metrics.mean_squared_error(
...     bos_y_test, reg_pipe.predict(bos_X_test)
... )
21.517444231177205
```

19.3 PCA 파이프라인

사이킷런의 파이프라인은 PCA를 위해서도 사용될 수 있다.

다음은 타이타닉 데이터셋을 표준화하고, 그렇게 변형된 데이터셋에 대
해 PCA를 수행하는 파이프라인의 예를 보여 준다.

```
>>> pca_pipe = Pipeline(
...     [
...         (
...             "std",
...             preprocessing.StandardScaler(),
...         ),
...         ("pca", PCA()),
...     ]
... )
>>> X_pca = pca_pipe.fit_transform(X)
```

.named_steps 속성에 접근하여 파이프라인의 PCA 부분에 대한 속성을 끄집어낼 수 있다.

```
>>> pca_pipe.named_steps[
...     "pca"
... ].explained_variance_ratio_
array([0.23917891, 0.21623078, 0.19265028,
       0.10460882, 0.08170342, 0.07229959,
       0.05133752, 0.04199068])
>>> pca_pipe.named_steps["pca"].components_[0]
array([-0.63368693, 0.39682566,  0.00614498,
        0.11488415, 0.58075352, -0.19046812,
       -0.21190808, -0.09631388])
```

찾아보기